어린이박물관
고구려

글쓴이 전호태

서울대학교 국사학과를 졸업하고 같은 학교에서 박사 학위를 받았습니다.
국립중앙박물관 학예연구사, 울산대학교 박물관장, 버클리대학교 객원교수를 역임하였고
현재 울산대학교 역사문화학과 교수로 재직중입니다.
그동안 『고구려 고분 벽화의 세계』, 『벽화여, 고구려를 말하라』 등 많은 책을 출간하였으며,
어린이를 위해 쓴 책으로 『고구려 사람들은 왜 벽화를 그렸나요?』, 『고구려 고분 벽화 이야기』 등이 있습니다.

그린이 김진화

회화를 공부하고, 현재 어린이 책에 그림을 그리고 있습니다.
그린 책으로 『난 자동차가 참 좋아』, 『마리 퀴리』, 『꿈의 다이어리』 등이 있습니다.

어린이박물관
고구려

초대의 글

고구려를 만나는 마음가짐

　고구려는 고대 동북아시아의 여러 민족들에게 역사가 출발한 곳이자 문화가 시작된, 마르지 않는 큰 샘처럼 여겨지던 나라예요. 우리 조상의 한 갈래인 예맥족이 세운 고구려는 주변의 말갈족, 거란족, 선비족, 해족, 실위족 사람들에게 세련된 문화를 지닌 나라이자, 아시아 동북 지역에 새로운 나라를 세울 때 모델로 삼아야 할 나라로 알려져 있었어요.

　현재 동몽고와 중국 지린 성 일대에는 고구려와 관련된 지명이 많이 남아 있어요. 또 고구려의 땅이 아니었고, 고구려의 힘이 미치지 않았던 곳에도 고구려를 기억나게 하는 전설이나 옛이야기가 많이 전해지고 있지요. 이것은 고구려 사람들의 발길이 아주 먼 곳까지 이어졌기 때문일 수도 있고, 이곳에 살던 사람들의 마음에 고구려에 대한 동경이 설화나 전설로 자리 잡은 까닭일 수도 있어요.

　우리는 여전히 고구려를 강력한 철기 군단의 나라, 한반도 삼국 시대를 주도했던 힘이 센 나라로만 기억하려고 해요. 하지만 이제는 4세기와 5세기에 아시아 나라들 사이에서 활발하게 문화를 주고받았던 주인공 중 하나였고, 그 이후 7세기까지 동북아시아 문화의 수준을 한 단계 끌어 올린 주역 가운데 하나였던 '문화 강국 고구려'를 만나야 할 때예요. 군사 강국 고구려가 갖는 의미 못지않게, 문화 강국으로서 우리 역사·문화의 초기 단계를 담당했던 고구려의 모습을 바로 아는 것이 중요하니까요.

자연의 아름다움을 그대로 담은 거대한 왕릉비가 우뚝 서 있고, 바위를 다듬은 돌들을 한 치의 어긋남 없이 맞물리게 쌓아 올린 수백 개의 '무너뜨릴 수 없는 성'이 지키는 나라. 붉은 기와와 붉은 벽돌로 지은 집들이 늘어서 있는 화려한 도시가 있고, 아궁이의 불로 바닥을 데운 온돌을 사용하며, 갖가지 모양의 화살촉이 달린 화살을 멀리 떨어진 과녁까지 정확하게 날아가서 꽂히게 만드는 주몽의 후예들이 사는 나라. 고급스러운 비단과 세련된 무늬가 살아 있는 옷감으로 널리 알려진 나라. 때로는 소박하고, 때로는 세련된 맛을 풍기는 고분 벽화를 그리고 또 간직해 온 나라, 고구려.

고구려가 우리에게 남긴 가장 의미 있는 문화유산 가운데 하나인 고분 벽화에는 낯선 문화에 대한 열린 마음, 다른 문화를 통해 자신의 문화를 더욱 풍부하게 만든 장인 정신이 그대로 담겨 있어요. 그래서 고구려 고분 벽화는 동북아시아 고대 문화의 보물 창고이자, 고구려를 배우는 살아 있는 박물관이라고 할 수 있답니다.

고구려가 남긴 갖가지 유산들은 오늘도 우리 주변 곳곳에 살아 숨 쉬고 있어요. 책을 읽고 나면 그것이 어떤 것인지 확실히 알 수 있을 거예요. 이 책은 고구려를 찾고 확인하기 위한 역사 여행의 길잡이니까요.

2008년 2월 전호태

차례 | 초대의글 4 | 고구려, 그 우뚝했던 700년 8 | 고구려의 하늘 - 천문의 나라 18 |

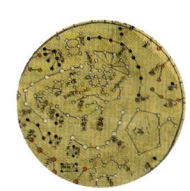

고구려의 땅 - 산성의 나라 30 | 고구려 사람들 - 벽화의 나라 52 | 고구려는 우리에게 무엇일까요 76 | 찾아보기 86 |

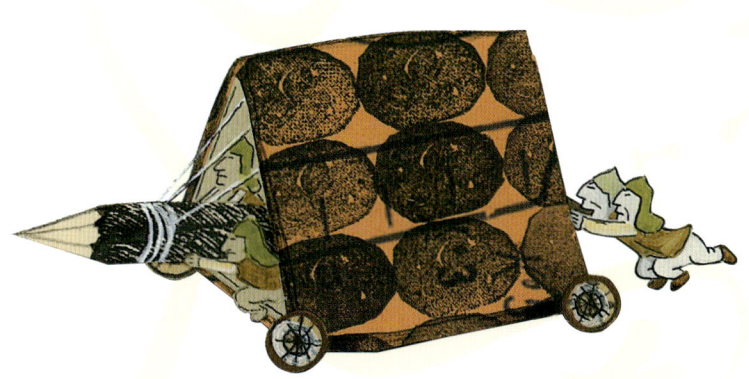

고구려, 그 우뚝했던 700년

고구려는 동북아시아 역사의 출발점으로 기억되는 나라예요.
무려 700년에 걸쳐 성장과 발전을 거듭하여 내륙 아시아의 유목 제국은 물론
중앙아시아의 오아시스 국가들에까지 이름을 알리고,
파미르 고원 너머까지 발자취를 남겼던 고구려.
그 역사를 대하면 힘차게 뻗은 거대한 산맥이 떠오릅니다.
그럼 숨을 크게 쉬고 이제 그 산맥을 넘어가 봐요.

고구려라는 산맥의 출발점은 가시밭길의 연속이었어요. 기원전 108년 고조선을 정복한 중국의 한나라는 지금의 한반도 북부까지 지배하려 했답니다. 그래서 이 땅에 살던 사람들은 중국 세력을 물리치고 새 나라를 세우는 것이 소원이었지요. 이러한 열망이 결실을 맺은 것은 기원전 1세기 후반이었어요. 주몽이라는 사람이 나라를 세운 거예요. 주몽은 비류수 하류 졸본 일대에 '고구려'를 세우고 동명성왕으로 받들어졌어요. 주몽의 아들인 2대 유리왕은 수도를 압록강 중류의 국내로 옮겨 힘을 키웠고, 3대 대무신왕에 이르러 고구려는 압록강, 송화강 일대에서 가장 강력한 나라로 떠오르게 되었답니다.

1세기경

나, 주몽

나, 대국을 호령하는 동명성왕이 되었다!

소금장수 미천왕

고구려를 우뚝 세운 것은 압록강을 오르내리며 소금을 팔던 소금 장수 출신의 미천왕이었어요. 미천왕은 왕위에 오르자 압록강 하구의 서안평을 중국 세력으로부터 빼앗았답니다. 소금 장수 시절의 경험으로 압록강 하구가 장사를 하기에도, 물길이나 뭍길로 이동하기에도 무척 좋은 지역이라는 것을 알고 있었기 때문이에요. 이어 낙랑군, 대방군을 멸망시켜 옛 고조선 땅에 남아 있던 중국 세력을 뿌리 뽑고, 그곳에 살던 많은 사람들을 고구려 백성으로 끌어안았어요.

미천왕의 뒤를 이은 고국원왕은 서쪽으로는 요동, 남쪽으로는 임진강 너머까지 진출하려 노력했어요. 하지만 서쪽에서 힘을 키우던 선비족의 전연과, 북쪽으로 세력을 넓히던 백제에 막혀 뜻을 이루지 못했지요. 오히려 전연과의 전쟁에서 패한 데 이어 백제와의 평양성 전투에서 고국원왕까지 전사하자, 고구려는 정치와 군사 등 나라의 모든 면을 새롭게 정비하게 되어요.

고구려는 소수림왕 때부터 어떠한 비바람에도 흔들리지 않는 우뚝 선 산맥과 같은 모습을 드러냈어요. 소수림왕은 관습보다는 법에 바탕을 둔 통치 체제를 확립하고, 불교를 받아들여 개방된 나라임을 주변에 알렸어요. 이렇게 나라가 안정되자, 광개토왕 시대부터 고구려는 나라 안팎으로 강한 국력을 자랑할 수 있게 되었어요.

20세에 즉위한 광개토왕은 거란을 정벌하고, 후연의 영토 깊숙이 군대를 이끌고 들어가는가 하면 백제의 왕성으로 군대를 보내 백제를 압박했어요. 또 고구려 군대를 동북쪽 숙신의 땅으로 보내 힘을 과시하고, 왜와 가야 군사들에 포위된 신라의 수도 금성에 군사를 보내 신라를 구했지요. 광개토왕이 지휘하는 강력한 고구려군 앞에 백제왕은 두 손 들고 항복했고, 거란족은 고구려에 충성하겠다고 맹세했어요. 또 신라를 공격하다가 고구려군에게 진 금관가야는 국력이 쇠약해져 멸망했답니다.

나, 장수왕

광개토왕의 아들인 장수왕은 수도를 평양으로 옮겼어요. 그러고 나서 "고구려만의 천하가 있고, 그 중심에 고구려가 있다."는 사실을 널리 알렸어요. 고구려가 동아시아 강국 중 하나로 우뚝 서게 된 거예요. 이때 백제는 금강 일대로 밀려 내려갔고, 신라는 지금의 경상북도 영덕 남쪽에서 벗어날 수 없었어요. 동부여는 이미 고구려의 영역 안에 들어와 있었고, 내몽골 지방의 지두우라는 나라 일부도 고구려의 영향을 받게 되었지요. 신라에 고구려군이 머무르고, 백제의 한성 시대를 막 내리게 함으로써 동북아시아는 말 그대로 고구려의 천하가 되었답니다.

산이 높아 오르막길이 높으면 내려오는 골도 깊을 거예요. 승승장구하던 고구려를 여러 세력들이 힘을 모아 가로막자, 고구려도 변화를 겪기 시작했어요. 강국 고구려 앞에서 신라와 백제는 동맹을 맺고 고구려의 남쪽 진출을 막았어요. 때마침 북방 유목 세계를 통일한 돌궐이 고구려의 변방을 위협하고 북중국 정세가 혼란스러워지자, 고구려는 남쪽에 많은 군대를 주둔시킬 수 없게 되었지요.

더욱이 문자명왕 이후에는 고구려의 지배 세력 안에서 불협화음이 나기 시작했답니다. 영토 확장이 어려워지자 얼마 되지 않는 고위 관직을 두고 고구려 귀족들 사이에서 다툼이 일어난 거예요. 이렇게 안팎으로 혼란스러운 때, 신라와 백제 연합군이 한강 주변 땅을 빼앗으러 쳐들어왔어요. 북쪽의 돌궐과 북주의 침공에 대비하기 바빴던 고구려군은, 결국 한강 일대를 내주고 임진강까지 후퇴해야 했어요.

평원왕이 즉위할 즈음, 고구려의 귀족들은 서로 합의하여 힘센 자가 최고 관직인 대대로를 맡기로 하고 나머지 관직도 세력의 강약에 따라 나눈다는 원칙을 마련했어요. 귀족 연립 정권이 탄생함으로써 고구려는 일단 나라의 안정을 찾게 되었고, 주변 나라들의 압박에 적절히 대응할 여유도 갖게 되었지요. 이렇게 나라가 어느 정도 안정되자 고구려인들 사이에 광개토왕, 장수왕 시대의 영광을 다시 한 번 누리고자 하는 열망이 일어났어요. 하급 귀족 출신의 온달이 평원왕의 적극적인 후원으로 장군이 되어 북주의 군대를 물리치고, 한강 주변의 땅을 다시 찾기 위해 전투에 나선 것도 새로운 사회 분위기와 관련이 깊지요. 하지만 고구려의 영토 되찾기는 온달이 전투에서 죽는 바람에 실패로 돌아갔답니다.

589년 수나라가 중국의 여러 나라들을 정복하고 통일 왕조를 열었어요. 동아시아에 큰 변화가 시작된 것이지요. 왠만하면 전쟁을 피하려 했던 고구려는 수나라와의 전쟁을 피할 수 없게 되자 중국 요서 지방을 먼저 공격했고, 수나라도 대군을 모아서 고구려를 공격했어요. 그러나 고구려 왕자 건무와 을지문덕 장군의 전략전술에 휘말려 수나라 대군은 말할 수 없이 큰 손실을 입고 고구려 땅으로부터 물러날 수밖에 없었지요. 이로 인해 수나라가 쇠약해져 멸망하자, 당나라가 그 뒤를 잇게 되었어요. 영양왕의 뒤를 이은 영류왕의 화평 정책으로 고구려와 당나라는 잠깐이지만 평화롭게 외교 사절을 교환할 수 있었어요. 고구려에 남았던 수나라의 패잔병과 유민들이 중국으로 돌아갈 수 있었던 것도 바로 이 때문이었답니다.

그러나 642년 고구려의 귀족인 연개소문이 정변을 일으킨 이후로 고구려는 외교적으로 강한 목소리를 내게 되었어요. 강경파들이 고구려의 외교를 주도하게 되었기 때문이에요. 그래서 곧 당나라와의 평화도 깨지게 되었지요. 당나라 태종은 신하로서 왕을 죽인 연개소문을 벌한다는 명분으로 대군을 일으켜 고구려 정벌에 나섰지만 다시 한번 실패했어요.

645년부터 전쟁과 휴전을 거듭하던 고구려와 당나라의 전쟁은 660년 백제의 멸망으로 큰 변화를 맞게 되어요. 신라군이 당나라 군대에게 줄 군량을 싣고 평양을 향할 수 있게 되었기 때문이지요. 이전까지 수나라 군대와 당나라 군대를 괴롭혔던 군량 문제가 해결된 거예요. 이렇게 되자 당군의 평양 공략은 몇 배나 쉬워졌답니다.

667년 9월 시작된 고구려와 당나라 사이의 마지막 전쟁에서, 남쪽에서 올라온 신라군 20만 명은 당나라 군대가 평양까지 도착해서 평양성을 포위하는데 결정적인 도움을 주었어요. 668년 9월 평양성이 포위되었고, 마침내 고구려의 마지막 왕인 보장왕이 성에서 나와 당나라에 항복의 예를 올렸어요. 700여 년에 걸친 고구려의 역사가 마침표를 찍게 된 것이지요.

30년 뒤 발해로의 부흥을 남겨 놓은 채…….

고 구 려 의 하 늘

천문의 나라

옛사람들에게 하늘은 늘 신비였고, 물음의 대상이었어요.

해와 달, 별의 움직임이 세상 일의 좋고 나쁨을 미리 알려 준다고 믿었고,

하늘의 변화를 보면 한 해 농사가 잘 될지 안 될지 알 수 있다고 생각했으니까요.

그래서 수백 년에 걸쳐 별자리를 관찰하는 데 지혜를 모으고,

별에 대한 지식을 쌓아 가면서 알게 된 별자리의 수는 늘어만 갔어요.

7세기경, 고구려 사람들이 알고 있던 별자리는 무려 290개,

별의 수는 1,469개에 이르렀답니다.

고구려 사람들에게 하늘은 무엇이었을까요?

고구려 사람들은 시조인 주몽을 하늘의 자손으로 생각했어요. 주몽의 아버지 해모수는 하늘의 임금님이었고, 어머니 유화는 물의 임금님 하백의 따님이었지요. 그래서 해모수는 하늘의 해로 모습을 드러냈고, 유화는 도도히 흐르는 압록수로 모습을 나타낸다고 믿었어요. 고구려 사람들이 믿는 신화 속에서 해모수는 기린을 타고 하늘과 땅 사이를 오갔고, 주몽은 용의 머리를 밟고 하늘로 올라갔답니다. 고구려 사람들은 매일같이 쳐다보는 하늘에서 하늘 임금 해모수와 하늘의 자손 주몽을 찾아내었던 거예요.

해신, 달신을 믿고 제사를 지내던 고구려인들에게 하늘은 조상이 살고 있는 곳이었어요. 그래서 고구려 사람들은 부지런히 해와 달, 별자리의 움직임을 살펴보면서 '하늘의 자손'이라는 자부심으로 나라의 영토를 넓히고, 주변으로부터의 강한 도전에 맞설 수 있었던 거예요. 5세기에 들어서면서 고구려가 동아시아의 강대국으로 우뚝 서자 고구려 사람들은 세상을 향해 외쳤어요. "동북아시아에는 중국이나 유목민이 세운 나라와는 다른 천하가 있고, 그 천하의 중심은 고구려이다."라고요. 하늘의 자손들이 다스리는 세계를 주변 여러 나라에 확실하게 알린 거예요.

고구려 사람들은 하늘 세계를 언젠가 돌아가야 할 고향이라고 생각하고 있었어요. 이런 생각은 고구려 고분 벽화에 등장하는 750여 개의 별 그림을 통해서도 확인할 수 있답니다. 덕흥리벽화분 벽화 중 일부

고구려의 하늘은 어떻게 생겼을까요?

옛사람들은 하늘 위에도 사람이 살고 있는 땅과 비슷한 세계가 있다고 믿었어요. 용이나 기린, 봉황 같은 짐승들은 땅과 하늘 세계 사이를 자유롭게 오갈 수 있는 신성한 힘을 지닌 짐승들이었지요. 그래서 신선이 되어 이런 짐승들을 타고 하늘 위의 세계로 올라가 영원히 살 수 있으리라 생각했어요.

또는 우주나무, 우주산으로 불리는 거대한 나무나 높은 산을 통로로 삼아 하늘 세계에 올라갈 수 있을 거라고 여겼지요. 이런 산이나 나무는 하늘기둥, 하늘사다리가 되어 땅 세계의 영웅들을 하늘 세계로 이끌어 주는 역할을 했답니다.

고구려 사람들은 신비한 모습을 한 하늘의 별자리들이 특별한 힘과 능력을 가지고 있다고 믿었어요. 특히 하늘 한가운데에는 황룡이, 동서남북에는 각각 청룡, 백호, 주작, 현무가 자리 잡고 있다고 생각하고, 오신(五神)으로 일컬었죠. 이들 신비한 짐승은 하늘 세계의 조화와 질서를 지키는 수호신으로, 사방을 지켜 준다고 믿었답니다.

또 북두칠성, 남두육성은 각각 하늘의 동서남북을 알게 해 주는 빛나는 별자리였어요.

모두 1,469개의 별이 담긴 고구려의 천문도는 고구려 멸망과 함께 사라졌다가, 1395년(조선 태조4년)에 이르러 '천상열차분야지도' 라는 이름의 목판천문도로 재현되었어요.

고구려 사람들은 밤하늘에서 빛나는 모든 별들을 찾아내 천문도에 그려 넣었어요. 별들은 밝기에 따라 여러 등급으로 나뉘었고, 신화 속 존재들과 엮여 별자리로 만들어졌답니다.

고구려 하늘로 떠나는 여행

주몽을 시조로 받들던 고구려 사람들에게 하늘의 해와 달은 믿음의 대상이면서, 조상의 모습이었어요. 그래서 고구려 사람들은 해신과 달신에게서 주몽을 낳은 해모수와 유화의 모습을 발견하여 이를 그림으로 그리고, 이들로부터 시작된 역사의 긴 흐름을 되돌아보았답니다.

고구려 사람들은 해는 양기, 달은 음기를 상징하는 것으로 여겨, 수많은 전설과 신화를 만들고 또 그것을 믿었어요. 달에는 두꺼비도 살고 계수나무도 자라고 옥토끼도 살았지요. 항아라는 하늘의 여인이 불사약을 먹고 달로 도망쳐 두꺼비가 되었다는 이야기는 고구려 사람들 사이에 널리 알려져 있었어요. 고구려 고분 벽화 속의 옥토끼는 약절구 속의 불사약을 찧기도 하고, 약단지 안을 휘젓기도 해요. 때로 불사약 찧기를 마친 듯 약절구도 공이도 없이 두꺼비 곁에 나란히 서 있기도 하답니다.

이지러지고 채워지며 풍요로운 수확이 계속될 것임을 알려 주는 달 안에는 엎드린 두꺼비가 있어요. 두꺼비를 달신의 사자로 여겼던 것이지요.

오회분4호묘의 해신(오른쪽)과 달신(왼쪽)의 모습이에요. 머리에 이고 있는 해와 달 안에 세발까마귀와 두꺼비가 들어 있어요.

공작 벼슬이 있는 세발까마귀는 하늘의 해처럼 빛나는 고구려왕의 권위를 상징하는 동물이었어요. 그래서 고구려 사람들은 해를 표현할 때, 해 안에 세발까마귀를 같이 그리곤 했지요.

보름달 안의 두꺼비, 항아

옛날 여신 희화가 낳은 열 명의 아들이 해가 되어 번갈아 하늘을 건너는 일을 했어요. 그런데 어느날 열 명이 장난삼아 동시에 하늘을 건너자, 지상에 있는 모든 것들이 타 버릴 듯한 더위에 시달렸어요. 보다 못한 황제가 명궁 예를 불러 사태를 해결하라고 했어요. 활의 명수 예는 지상으로 내려가 해 아홉 개를 차례로 활로 쏘아 떨어뜨렸지요. 그러자 지상에 있던 모든 생물들이 예에게 고마워했답니다. 그러나 황제는 너무 지나쳤다고 하며 예를 아내인 항아와 함께 땅으로 추방했어요. 지상을 떠돌며 모험을 하던 예는 서왕모를 만나 불사약을 얻었어요. 그런데 항아가 욕심을 내고는 예 몰래 다 마셔 버렸지요. 항아는 불사약 덕분에 하늘에 오르게 되었지만, 한 번 추방된 몸이라 결국 달에서 살게 되었어요. 게다가 항아는 혼자 불사약을 마신 벌을 받아 점점 흉측하게 변하더니 어느날 두꺼비가 되어 버렸답니다. 지금도 보름달을 자세히 살펴보면 넋 놓고 앉아 있는 두꺼비를 볼 수 있어요.

북쪽을 상징하는 북두칠성은 현무와 함께 고분 벽화에 가장 자주 등장하는 별자리예요. 고구려 사람들은 사람이 태어나고 죽는 날을 북두칠성이 정한다고 생각했답니다. 북두칠성은 서양 큰곰자리의 일부분이기도 해요.

수호신 백호와 함께 서쪽을 상징하는 대표적인 별자리인 삼수와 자수는 서양 별자리 중 오리온 자리의 일부랍니다.

하늘의 동쪽과 서쪽은 청룡과 백호가 지키는 자리예요. 해가 지나는 길인 동쪽과 서쪽에 자리한 별자리들은 각각 청룡·백호의 머리와 가슴, 다리와 꼬리를 이루고 있어요.

북쪽의 수호신 현무는 고구려 사람들이 가장 좋아한 별자리인 북두칠성과 함께 등장해요. 현무는 양기를 지닌 뱀과 음기를 지닌 거북이 얽힌 모습으로, 음양의 조화를 나타내는 신비한 존재였어요. 또 무덤 주인을 지키는 수호자로 여겨졌기 때문에 벽화 속에서 항상 무덤 주인 곁에 그려졌지요. 고구려 사람들은 무덤 주인이 죽고 나서 지내게 될 세상을 현무가 평화롭게 지켜 준다고 믿었거든요.

봉황에서 유래한 남쪽의 수호신 주작은 고분 벽화 속에서 암수 한 쌍으로 그려지곤 해요. 주작도 현무처럼 음양의 조화를 이루는 신령스러운 존재였어요.

남두육성과 북두칠성은 해신과 달신처럼 신의 모습으로 그려지지는 않지만 해, 달과 함께 고구려 하늘을 상징하는 가장 중요한 별자리로 여겨졌어요. 해를 볼 수 없는 어두운 밤하늘에서도 올바른 방향을 알려 주는 가장 빛나는 별자리였으니까요.

북두의 신과 남두의 신

어느날 길을 가던 관상쟁이가 농부의 아들을 보고 "이 아이는 19살까지만 살 수 있겠구나."라고 했어요. 깜짝 놀란 농부는 "어떻게 하면 아들을 살릴 수 있을까요?"라며 관상쟁이에게 간절히 매달렸답니다. 그러자 관상쟁이는 "마을 보리밭 끝에 가 보면 그늘진 곳에서 바둑을 두고 있는 두 사람이 있는데, 그 사람들에게 아무 말도 하지 말고 술과 음식을 대접하시오."라고 했어요. 농부의 아들이 서둘러 술과 음식을 장만하여 가 보니 정말 두 사람이 바둑을 두고 있었어요. 두 사람은 농부의 어린 아들이 옆에 와 있는 줄도 모르고 정신없이 바둑을 두다가, 농부의 아들이 건네준 술을 무심코 받아 마시게 되었답니다. 술을 마시고 안주를 받아먹으며 바둑을 두던 중 북쪽에 앉은 얼굴 푸른 사람이 문득 정신을 차리고 농부 아들을 크게 꾸짖었어요. 그러자 남쪽에 앉아 바둑을 두던 얼굴 하얀 사람이 "이미 벌어진 일이니 어쩔 수 없네."라며 그를 달래더니, 장부를 꺼내 농부 아들의 수명 십구(十九)에 한 글자를 더해 구십구(九十九)로 고쳤어요. 이 말을 들은 농부가 크게 기뻐하자 옆에 있던 관상쟁이가 "두 사람 모두 신선으로 북쪽에 앉아 있던 사람이 죽음을 관장하는 북두의 신이고, 남쪽에 앉아 있던 사람이 생을 관장하는 남두의 신이라오."라며 자리를 떴답니다. 신기하게도 농부의 아들은 정말 오래오래 건강하게 잘 살았다고 해요.

방수와 각수는 동쪽의 수호신 청룡과 함께 동쪽을 나타내는 대표적인 별자리였어요. 서양 전갈자리의 머리 부분이랍니다.

주작과 함께 남쪽을 상징하는 별자리인 남두육성은 사람이면 누구나 바라는 장수와 관련 깊은 별자리예요. 서양 궁수자리의 일부분인 남두육성은 은하수에서도 가장 밝게 보이는 부분으로, 한여름 밤 지평선 부근에서 찾을 수 있어요.

고구려 무용총 벽화의 모습이에요. 우리는 벽화를 통해 고구려 사람들이 생각하던 하늘 세계를 짐작해 볼 수 있어요.

고구려 하늘의 신비한 주인공들

고구려 사람들의 하늘은 해, 달, 별자리에 해당하는 신들과 수많은 신비한 존재들이 사는 세계였어요. 고구려 고분 벽화에는 여러 별자리와 하늘 세계의 존재들이 함께 등장해요. 어떤 벽화에는 너무나 다양한 모습의 신선들과 신비로운 짐승들, 그리고 신화 속 인물들로 가득 채워져 있어, 마치 하늘 세계에 온 듯한 느낌을 받을 정도랍니다.
선인과 옥녀가 손에 깃발과 꽃잎 쟁반을 받쳐 들고 허공에 떠다녀요.
천인은 음악을 연주하거나 학, 용, 봉황 등을 타고 별자리 사이를 날아다니지요. 신인은 하늘 위 특별한 자리에 앉아 있거나 선 채로 거문고를 연주하고, 글을 쓰거나 불을 피우는 데 열중하고 있어요. 천왕과 지신은 신비한 새와 짐승을 탄 채 오가고, 수레바퀴 신은 수레바퀴를 손보고, 숫돌의 신은 숫돌을 갈고 있어요. 또 곡식 이삭을 쥐고 바람 같이 달리는 농사의 신도 있답니다.
고구려 사람들의 그림 솜씨뿐만 아니라 상상력도 정말 대단하지 않나요?

고구려 천인이에요. 왼손에는 둥근 부채를 들고 있네요. 오회분 4호묘 벽화

수레바퀴 신이 망치로 수레바퀴를 내리치고 있어요. 오회분4호묘 벽화

소머리를 한 농사의 신이에요. 오른손에 곡식 이삭이 달린 풀을 들고 있어요. 오회분5호묘 벽화

왼손에 깃발을 들고 하늘을 나는 선인이 빙그레 웃고 있어요. 덕흥리벽화분 벽화

꽃잎 쟁반을 받쳐 들고 하늘을 날고 있는 옥녀예요. 덕흥리벽화분 벽화

백학을 탄 선인이에요.
고구려 사람들이 신선을 어떻게 생각했는지 잘 나타나 있어요.
오회분4호묘

오회분4호묘 숫돌의 신이 열심히 숫돌을 갈고 있어요.

덕흥리벽화분 벽화에 그려진 견우와 직녀예요.
견우와 직녀는 우수(염소자리)와 직녀성(거문고자리)을 상징하며,
1년에 한 번 칠월 칠석에만 만날 수 있다는 견우직녀 전설의 주인공들이지요. 고구려 사람들도 은하수를
사이에 두고 빛나는 우수와 직녀성을 보면서 이 전설을 머리에 떠올렸던 거예요.

고 구 려 의 땅

산성의 나라

고구려는 성(城)이나 고을을 뜻하는 '구루'에 '높을 고(高)'를 덧붙인 이름이에요.

압록강 중류의 예맥 사람들은 구루를 중심으로 힘을 모았어요.

고조선 옛 땅에 있던 중국 세력이 예맥 사람들에게 밀려나자, 이들은 예맥 사람을

구루나 구려 사람이라고 부르기 시작했지요. 구려 사람들은 이 이름을 자랑스럽게

여기며 성을 쌓는 기술을 더욱 발전시켰어요.

고구려인에게 성은 무엇이었을까요?

성은 자신이 속한 세계를 지키기 위해 쌓아요. 고구려 사람들은 산성과 평지성이 짝을 이룰 수 있게 성을 쌓아, 평소에는 평지성을 중심으로 생활하다가 침략군을 맞게 되면 산성으로 옮겨가 방어를 했어요. 평지성이 일상생활을 위한 곳이었다면 산성은 전쟁에 대비한 피난과 방어의 공간이었지요. 그래서 평지성은 주로 교통이 편리한 넓고 평평한 곳에 쌓았지만, 산성은 길이 험하고 사람들이 쉽게 접근하기 힘든 곳에 쌓았답니다.

고구려 사람들은 평지보다는 산에 성을 쌓았어요. 산 중턱이나 골짜기를

평지성 안에는 관공서를 비롯해서 공공시설물, 귀족의 저택들이 세워져 있었어요. 평지성의 중심에는 주작대로가 길게 뻗어 있었고, 성의 주위에는 강을 이용한 자연 해자를 만들었어요.

둘러쌓는 성은 쌓기는 어렵지만, 일단 쌓고 나면 많지 않은 군사로도 쉽게 지킬 수 있거든요.

옥수수알 모양으로 잘 다듬은 돌을 켜켜이 쌓아 만든, 산 중턱의 두터운 돌성벽은 성벽 공격용 대형기구 없이는 무너뜨리기가 무척 힘들었어요. 그런데 대형 기구들을 산 중턱까지 끌고 올라갈 수가 없으니 성을 점령하기는 거의 불가능한 일이었지요. 더구나 적군은 높은 곳까지 올라오느라 금방 지칠 수 밖에 없고, 여러 명이 통과할 수 없는 좁은 산길이라서 한 번에 많은 군사가 공격할 수도 없었어요. 그러니 고구려 사람들은 마을 주변의 산성을 쳐다보는 것만으로도 마음이 든든했을 거예요.

산성에는 각종 군사 시설물과 비상시의 식량 창고, 식수용 연못이나 우물, 군사들이 쓰는 막사와 군사령부 건물 등이 있었어요. 또한 방어를 위한 시설인 치나 보루, 옹성 등은 성벽을 따라 만들었어요.

오회분4호묘의 대장장이 신이에요. 모루 위의 쇠를 망치로 두드리고 있어요.

성 안에는 관리와 귀족, 장인들이 사는 곳이 각각 정해져 있었어요. 대다수의 농민들은 성 바깥에 마을을 이루고 살았지요. 농민은 평상시에 농사를 짓고 생활용품을 만들다가, 성을 쌓고 무기를 만드는 등 나라의 급한 일이 있을 때 동원되었어요. 또 전쟁이 났을 때 산성으로 피신해서 군사들이 성 지키는 일을 도왔지요. 전쟁에서 직접 창과 칼을 들고 적병과 싸우는 것은 주로 귀족의 역할이었답니다.

고구려 집집마다 있었던 창고인 부경이에요. 고구려에는 나라에 큰 창고가 없는 대신 각 가정에 창고가 하나씩 있었어요. 쥐를 피하기 위해 2층 높이로 만들어서 곡식을 보관했지요. 아직도 중국 지린 성에는 부경이 있는 집이 많답니다.

고구려 사람들이 주식으로 삼았던 수수예요. 고구려의 일반 백성들은 주로 기장이나 수수를 물에 풀어 걸쭉하게 끓여 먹었어요. 지금도 중국 지린 성 지안 지역에는 수수 밭이 많아요.

평안북도 운산군에서 출토된 부뚜막 모형이에요. 집집마다 이런 'ㄴ' 자 모양의 부뚜막을 설치하여 온돌을 따끈하게 데웠어요.

평양에서 출토된 고구려 집 모양 토기예요. 고구려 사람들이 살던 지역은 날씨가 춥기 때문에 창문을 작게 만들었어요.

고구려 산성에서 찾아볼 수 있는 온돌의 흔적이에요.
온돌의 흔적으로 막사 등의 건물이 있었다는 것을 알 수 있어요.

산성을 쌓기 위한 장소와 쌓는 모양은 백성들이 피난해서 장기간 살아갈 수 있는지, 군대의 지휘와 방어가 손쉬운지 등을 두루 살펴서 결정되었어요. 그러기 위해서는 산과 평지가 만나는 자리여야 하고 산 속에 넓고 평평한 곳이 있어야 하며, 주변에 강이 흘러 물을 쉽게 얻을 수 있고, 교통도 편리한 곳이어야 하지요.

물을 저장하기 위해 만들어 놓은 오녀산성의 연못이에요. 전쟁이 나면 식수로 사용했을 거예요.

두 사람이 간신히 어깨를 맞대고 지나갈 수 있을 정도의 폭인 오녀산성 협곡이에요. 경사도 무척 심해서 고구려 산성을 공격하기가 얼마나 어려웠을지 짐작할 수 있어요.

고구려 산성은 이렇게 치밀한 설계와 정교한 기술을 바탕으로 쌓은 거예요. 지금도 고구려 산성이 자리 잡고 있는 곳은 군사적으로 중요한 곳이거나, 그 지역에서 사람이 살기에 가장 좋은 곳이랍니다.

중국 동북부와 한반도 일대의 고구려 산성은 1,500여 년 전 고구려 사람들의 지혜와 기술을 그대로 담아 전하는 우리 역사와 문화의 살아 있는 교과서인 셈이에요.

오늘날 봉황산성으로 불리는 고구려 오골성의 성벽이에요. 딱 맞물리게 쌓아 물샐틈도 없어 보여요.

고구려 성의 특징인 퇴물림쌓기에요. 성돌을 점차 안쪽으로 물러나도록 쌓아서 성벽이 매우 튼튼했어요. 현재 연주산성이라 불리는 백암산성의 아랫부분이에요.

백암산성의 성벽에서 튀어 나온 부분이에요. '치'라고 하는 방어 시설로, 쳐들어오는 적군을 정면과 양쪽 측면에서 공격할 수 있도록 만들었어요.

고구려의 첫 성, 오녀산성

옥수수 알 형태로 다듬은 석재를 치밀하고 단단하게 쌓아 놓은 오녀산성의 성벽이에요.

병사들이 사용하던 막사의 온돌이에요. 오녀산성 안 크고 작은 건물터에는 온돌의 흔적이 남아 있어요.

고구려의 시조 주몽이 나라를 세운 곳을 알고 있나요? 그곳은 비류수(혼강) 유역의 작은 도시 졸본이었어요. 졸본 부여의 땅 한 귀퉁이에 정착하여 평지성인 졸본성을 쌓고 새 나라 고구려를 건국했지요. 그리고 위급할 때 피난하기 위해 졸본성과 연결된 산성을 쌓았는데, 그것이 오늘날 오녀산성으로 불리는 흘승골성이에요.

며칠 동안 산 꼭대기가 오색구름으로 덮여 뚝딱뚝딱 일하는 소리가 나더니, 구름이 걷히면서 홀연히 모습을 드러낸 성이 바로 오녀산성이랍니다. 이 신기한 이야기는 해모수의 아들 주몽이 세운 '성의 나라' 고구려에 살던 사람들의 자부심을 담고 있어요. 오늘날 졸본성의 한 자락이 아니었을까 생각되는 하고성자의 고구려 옛 성터에서 오녀산성을 쳐다보면, 정말 하늘에서 신령스런 손길이 내려와 산의 정상부를 평평하게 다듬고 산기슭을 수직으로 깎아내려 준 것처럼 느껴져요. 이런 난공불락의 산성을 누가 감히 공격할 엄두를 내겠어요?

산성을 쌓는 방식에는 '테뫼식'과 '포곡식' 두 가지가 있는데, 오녀산성은 산 정상을 빙 둘러 성벽을 쌓은 테뫼식 산성이에요. '뫼'는 순우리말로 산이라는 말이니, 테뫼식이란 산의 테두리를 돌아가며 성을 쌓는다는 뜻이지요.

삼면이 깎아지른 듯한 절벽인 해발 820m의 오녀산 정상은 동쪽과 남쪽으로 낸 성문으로 이어지는 가파른 산길로만 접근할 수 있어요. 둘레 4,754m의 산성 안에는 크고 작은 건물터들이 있고, 물을 저장하기 위해 만든 연못들도 있어요.

두 번째 수도 국내성에 쌓은 환도산성

고구려는 유리왕 때 압록강 중류에 있는 국내로 수도를 옮겼어요. 고구려 사람들은 졸본에서처럼 강을 끼고 평지성인 국내성을 쌓아 일상생활의 중심으로 삼았어요. 그리고 국내성 뒤에 있는 위나암산(오늘날 환도산, 해발 676m) 기슭에 전쟁이 날 때를 대비해 산성을 쌓았지요. 환도산성의 첫 이름은 위나암성이었어요.

둘레가 6,951m에 이르는 환도산성은 골짜기를 둘러싼 산줄기를 따라 성벽을 쌓았기 때문에 골짜기 안의 넓은 땅을 활용할 수 있어요. 또 남문을 통하지 않으면 성 안으로 들어가기가 매우 어렵기 때문에 적의 공격을 막기도 쉬워요. 이처럼 골짜기를 가운데 두고 둘레의 산줄기에 성벽을 쌓은 성을 '포곡식' 산성이라고 해요. 골짜기를 흐르는 물과 주변의 넓은 평지 덕분에 많은 사람들이 지낼 수 있고, 방어에도 유리하지요. 건안성, 안시성 등이 포곡식 산성이에요.

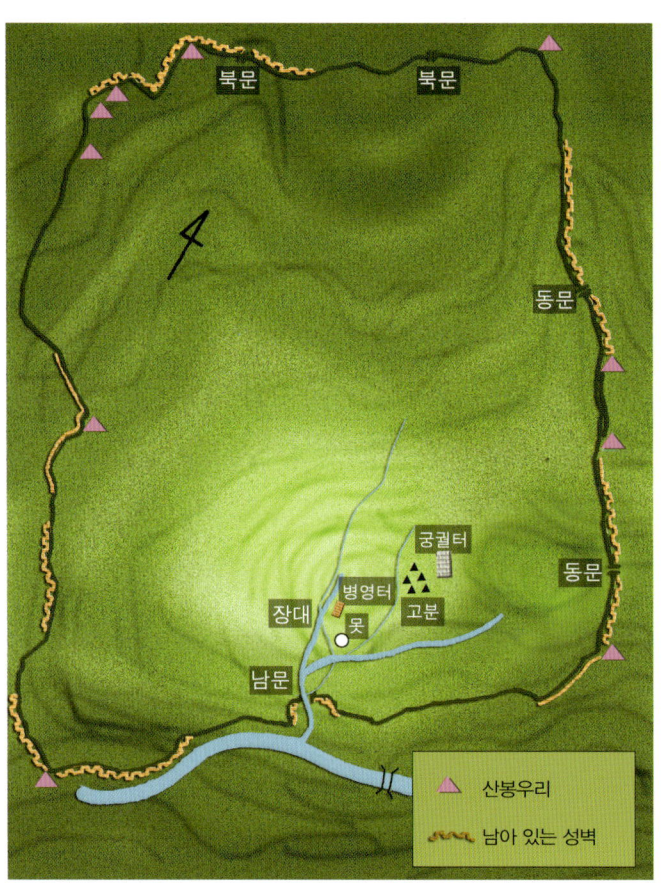

환도산성 안에서 궁전 자리, 사당 자리로 보이는 건물터를 비롯하여 온돌이 설치된 여러 곳의 건물 자리와 연못터, 우물 자리가 발견되었어요. 또 고구려 토기와 기와도 많이 나왔답니다. 1930년대까지 네모꼴 도성의 형태를 그대로 간직하고 있었지만 오늘날에는 도시 개발 때문에 많은 부분이 없어졌어요.

통구하와 압록강이 만나는 자리에 터를 잡은 국내성은 두 강을 자연 해자로 삼았어요. 현재 통구하를 건너 국내성의 안과 밖을 이어 주는 이 다리를 보면 해자가 얼마나 넓었는지 짐작해 볼 수 있을 거예요.

현재까지 남아 있는 환도산성의 성벽들이에요. 이 성벽에서 국내성 쪽을 바라보면 환도산이 좌우로 자연적인 성벽을 이루고 있는 것을 볼 수 있어요.

천리장성을 따라서

한창 세력이 강성할 때 고구려의 땅이었던 중국 동북부와 한반도 중북부에서 발견된 성은 170개가 넘어요. 여기에 초소, 요새의 성격을 지닌 보루까지 합하면 성이라고 할 수 있는 유적은 수백 개가 넘지요. 고구려 사람들은 성과 성 사이에 일정한 거리마다 10여 명에서 100명 정도의 군인이 머무를 수 있는 크고 작은 보루들을 세워 물샐틈없는 방어막을 만들었어요.

이런 방어막 가운데 가장 큰 것이 바로 천리장성이에요. 당나라의 침입에 대비해 631년부터 쌓기 시작했지요. 그러나 당나라는 천리장성이 미처 완성되기도 전인 642년부터 고구려를 침략한답니다. 당나라 군대는 고구려의 철벽 같은 산성을 어떻게 공격했을까요? 한 번 알아보기로 해요.

건안성은 요동성이나 안시성처럼 오래 전에 만들어진 성과는 달리 천리장성을 만들면서 새로 쌓았어요. 당나라 군대의 군량을 차단하는 역할을 했답니다.

천리장성의 가장 남쪽에 위치한 비사성의 흔적이에요.

요동성의 자연 해자 역할을 했던 태자하예요.

자연 방어막으로 삼은 강 건너 편에서 바라본 백암산성이에요.

안시성의 서벽이 있던 자리로 추정되는 곳이에요. 안시성의 위치는 아직 정확하게 밝혀지지 않았어요.

천리장성은 송화강 연안 평야 지대에서 요동 평원 남단까지 천리에 걸쳐 쌓았어요. 631년에 시작된 엄청난 규모의 공사는 16년 만인 646년에 마무리되었어요. 지금은 중국에서 그 흔적을 찾아볼 수 있어요.

요동 평원의 대표적인 평지성인 요동성은 누가 요동 지방을 지배하는가를 결정하는 매우 중요한 곳이었어요. 그래서 612년에 수양제는 113만 명에 이르는 대군을 이끌고 요하를 건너와 요동성에 대군을 집결시켰지요. 하지만 수의 대군은 요동성에 발목이 잡혀 고구려 정벌에 실패하고 말아요.

30여 년이 흐른 뒤인 645년 5월, 요동성은 또 한 차례 침략군에게 포위를 당했어요. 이번에는 당나라 태종이 보낸 대군이었어요. 바로 요동성부터 공격했던 수양제와는 달리, 당나라 태종의 군대는 요동성 주변의 개모성, 건안성 등을 먼저 치거나 함락시킨 다음 요동성 공격에 나섰답니다. 결국 고립되어 겹겹이 에워싼 당의 군대와 맞서 싸워야만 했던 요동성의 고구려군은 십여 일 만에 당군의 무서운 공격에 무릎 꿇고 말았어요.

요동성을 함락시킨 당군은 645년 6월 26일 요하 방어선의 또 다른 성인 안시성을 포위해요. 평양성에서는 안시성을 지키기 위해 15만의 구원군을 보냈으나 그들마저 근처의 평야 전투에서 당나라 군대에게 몰살당하고 말았지요. 이제 안시성의 고구려군은 홀로 당군의 공격을 견뎌 내야만 했어요.

흙으로 쌓은 토성인 안시성 안에서 고구려군은 결사적으로 성을 지켰어요. 그러자 당군은 안시성 동남쪽에 거대한 흙산을 쌓기 시작했지요.

성 안을 관찰하기 위해 만든 소차예요. 이동하면서 위에 달린 망루에 탄 병사가 성 안을 관찰했어요.

성을 공격할 때 성벽에 붙여 놓고 병사들이 성벽을 타 넘어가던 사다리 모양의 운제예요.

성문을 파괴하기 위해 만든 당차예요. 뾰족한 앞부분으로 성문을 부쉈을 거예요.

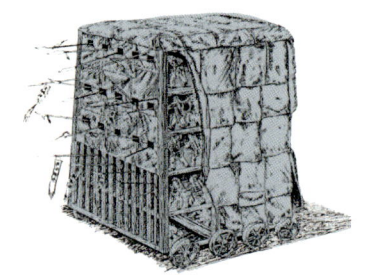

성을 공격하기 위한 충차예요. 아랫부분에 쇠망치를 달아서 성문을 부수는 역할을 하기도 했어요.

60여 일에 걸쳐 50만 명이 동원된 끝에 성벽보다 높은 인공산이 솟아올랐어요. 그러나 급하게 쌓은 흙산은 오래 버티지 못하고 안시성 성벽 쪽으로 무너져 버렸어요. 이때 고구려군은 재빨리 흙산을 점령해 버렸답니다. 어느덧 요동벌 찬바람이 뼛속으로 스며드는 계절이 돌아왔어요. 결국 당나라 태종은 성의 나라 고구려 정벌이 너무나 어렵다는 사실을 깨달으며 철수 명령을 내렸지요. 안시성 포위 공격 3개월 만인 9월 18일의 일이었어요.

인구 10만 명 정도였던 안시성은 당나라 대군이 쳐들어와 인공산까지 쌓으며 공격했어도 절대 무너지지 않았어요.

세 번째 수도에 쌓은 대성산성과 평양성

대성산성은 현재 평양시에서 동북쪽으로 7km 거리에 있는 대성산의 산줄기를 따라 성벽을 쌓아 만들었어요. 대성산성 기슭에는 왕궁이 있던 안학궁성(위 복원도)을 지었답니다.

성벽의 평균 높이가 5~9m인 평양성을 쌓을 때에는 성벽 구간별로 책임을 분명히 하는 제도가 있어서, 성돌에 성벽의 건축 시기, 성벽 쌓는 것을 관리한 담당자의 벼슬과 이름 등을 새겼어요.

427년 고구려는 평양으로 도읍을 옮겼어요. 국내성을 도읍으로 삼은 지 424년 만의 일이에요. 물론 평양에도 산성과 평지성이 짝을 이루도록 대성산성과 안학궁성(또는 청암리성)을 같이 쌓았지요.

대성산성은 성벽이 둘러싼 산의 봉우리만 6개이고, 둘레가 무려 7,076m나 되는 대규모 포곡식 산성이에요. 성벽의 총 길이만 9,284m에 성 안에 넓은 골짜기가 펼쳐져 있었죠. 그 안에는 길이 80m의 식량 창고를 비롯해서 무기고, 병영 등이 들어섰으며 크고 작은 못과 저수지도 170군데 이상 만들어졌어요.

동아시아의 강국 고구려의 강한 힘을 보여 주듯이, 수도 평양의 인구는 계속 늘어나고 도시의 규모도 점차 커졌어요. 그러자 고구려는 552년 평양에 산성과 평지성의 기능을 겸하는 대규모 도성인 평양성을 쌓기 시작해요.

평양성은 산성의 성격을 지닌 북성과 내성, 평지성인 중성과 외성으로 이루어졌어요. 내성에는 왕이 기거하는 궁궐을 만들었고, 중성에는 관청을, 외성에는 귀족과 장인들을 위한 시가지를 만들었어요.

평양성은 왕궁과 산성뿐만 아니라, 서민들이 사는 곳까지 모두 성 안에 있는 우리나라 최초의 성이에요. 이렇게 복합적인 도시의 기능이 있는 성은 고려 시대를 지나 조선 시대까지 계속 이어진답니다.

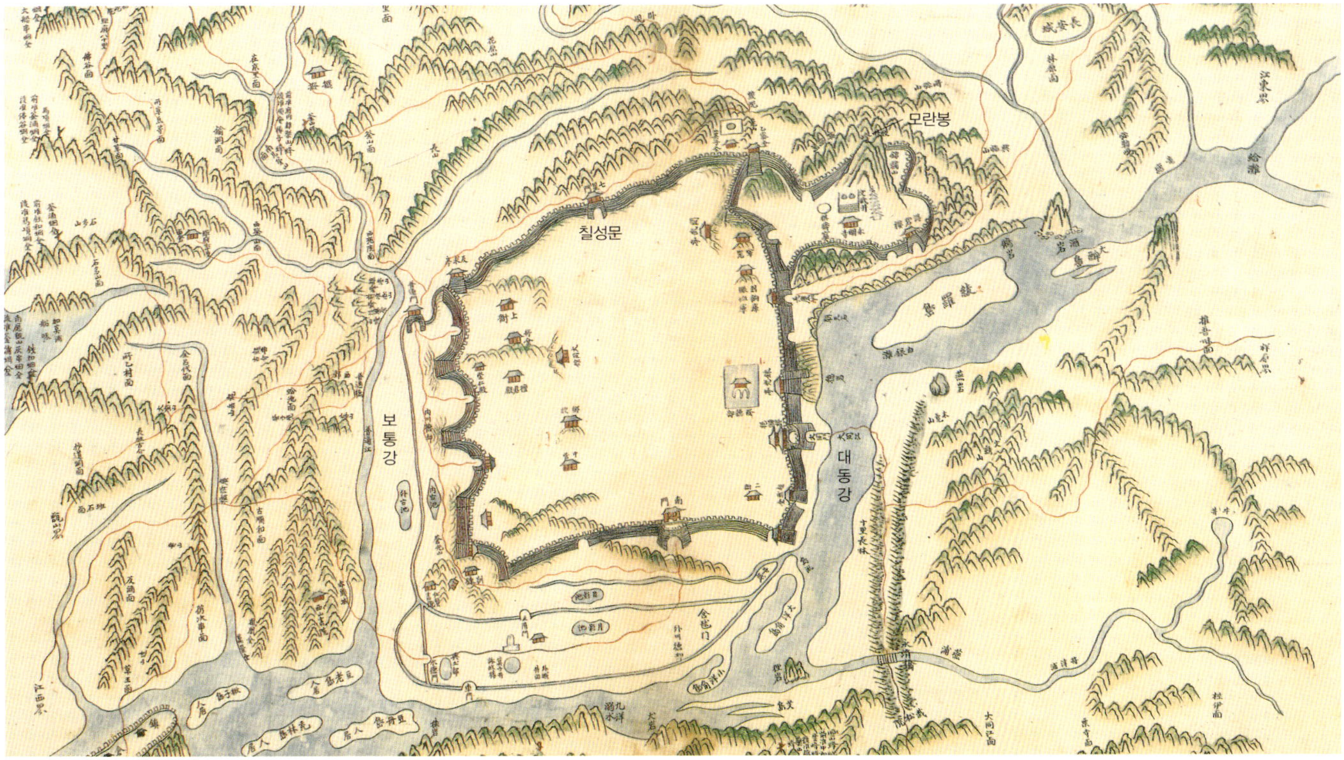

무려 35년 동안 공사를 계속해 둘레만 23km, 내부 면적 185만㎡ 에 이르는 대형 도성이 만들어졌어요. 평양성으로 불리게 되는 이 성은 대동강과 보통강을 자연 해자로 삼고, 모란봉과 주변의 가파른 암벽을 북쪽 방어벽으로 이용했어요. 조선 시대 『해동지도』의 「평양부」 일부분이에요.

현재까지 남아 있는 평양성의 칠성문이에요. 평양성은 200년이 넘는 세월 동안 고구려의 중심지 역할을 했어요. 칠성문으로 수많은 고구려 사람들이 지나다니는 장면을 한 번 상상해 보세요.

평양성 성벽의 일부분이에요. 안쪽으로 조금씩 물려 쌓은 고구려 성의 특징을 볼 수 있어요.

돌로 만든 고구려 성, 흙으로 만든 중국의 성

예나 지금이나 건축물은 그 지역의 자연 지리, 기후 풍토와 관련이 깊어요. 고구려인이 살던 땅은 대부분 산을 끼고 있었어요. 고구려가 세워진 곳도 험하고 높은 산으로 둘러싸인 강 곁의 좁은 분지였지요.

그래서 고구려 건축의 주된 재료는 산에서 구하기 쉬운 나무와 강가에서 쉽게 얻을 수 있는 돌이었어요. 도시와 마을을 지키거나 오래도록 유지되어야 하는 건축물의 재료로 돌만큼 좋은 재료는 없었어요. 쉽게 불에 타지도 않고 물에 휩쓸려 가지도 않으며, 낡아서 부스러질 일도 거의 없기 때문이지요.

고구려인들은 성을 쌓을 때 늘 지형의 장점을 최대한 살렸어요. 또 각 성의 장점을 최대한 살리기 위해 성의 부속 시설을 새롭게 창안하거나 개량했지요. 이런 이유로 고구려의 성, 특히 산성은 세부적인 면에서 다른 민족이나 국가가 세운 것과 많이 다르답니다.

자연 돌을 깎아서 쌓은 산성의 성벽이에요.

산 위에 쌓은 고구려 오녀산성이에요. 이런 지형에서는 돌과 나무를 구하기가 쉬웠을 거예요.

평야가 끝 간 데 없이 펼쳐진 곳에서 나라를 세우고 발전시켰던 중국의 한족은 손쉽게 구할 수 있는 황토 지대의 흙으로 성을 쌓고 건축물을 만들었어요. 그래서 흙으로 판을 만들어 높은 흙성벽을 쌓는 판축법을 개발했지요. 평야는 산이 많은 곳과는 달리 지형의 변화가 크지 않았으므로 성벽도 도시 전체를 둘러싸는 모양으로 만들어졌어요. 성벽의 높이가 20m, 둘레만 16~20km에 이르는 거대한 토성이 황하 중류 평야 지대 곳곳에 세워졌던 것도 이런 까닭이랍니다.

판축법이 지나치게 많은 사람과 시간을 필요로 하자 중국에서는 진흙덩어리를 직육면체 틀에 넣어 구워낸 새로운 건축 자재를 개발하는데, 이것이 바로 벽돌이에요. 이후로 일반 건축물이나 사당, 무덤과 같은 특별한 용도의 건축물뿐만 아니라 성벽을 만들 때도 벽돌을 사용하게 되지요.

흙을 구워서 만든 벽돌로 쌓은 성벽이에요. 만리장성의 한 부분이랍니다.

중국 간쑤 성에 있는 벽돌성의 모습이에요. 구하기 쉬운 흙으로 벽돌을 만들어 평평한 곳에 성을 쌓았답니다.

고 구 려 사 람 들

벽화의 나라

고구려가 멸망한뒤, 그 화려했던 옛 흔적은 찾기 어렵게 되었어요.

그러나 폐허처럼 보이는 잡초 우거진 무덤 안에 동아시아의 문화 강국,

고구려의 역사와 문화는 그대로 남아 있었어요.

고구려인의 집과 거리, 살림살이와 도구들, 생각과 느낌, 표정 등

삶의 갖가지 풍경들이 어둡고 습기찬 무덤 안에 '벽화'로 간직되어 있었던 거예요.

이렇게 고구려의 고분 벽화들은 천 수백 년 세월 동안 후손들의

발길과 눈길을 기다리고 있었답니다.

무덤은 말한다!

고구려 사람들은 죽은 뒤에 어떻게 살게 될 것인지 알고 싶어했어요. 또 죽은 뒤에는 지금보다 더 잘살게 되기를 기원했지요. 무덤 벽과 천장에 지금까지 살던 그대로, 또는 그보다 더 잘사는 모습을 그린 것은 이런 까닭이에요. 그래서 고구려의 무덤을 잘 관찰하면 고구려 사람들이 어떻게 살았는지 알 수 있어요. 그러면 먼저 무덤이 어떻게 변했는지 살펴봐요.

고구려 사람들은 처음에 강에서 가져온 돌을 쌓아 올려 돌무더기를 이루는 무덤을 만들었어요. 이것을 돌무지무덤이라고 불러요. 그러다가 시대가 흐르면서 귀족들이 좋아하는 새로운 모양의 무덤이 나타나요. 무덤 안에 시설을 만들거나 장식을 할 수 있는 돌방무덤이 만들어진 거예요.

이때부터 무덤 안의 돌방에 돌로 만든 제상이 차려지고, 아궁이가 생기고, 무덤 벽에 죽은 뒤에 살아갈 세상을 그리게 되었어요. 이런 그림은 비단에 그려 무덤 돌방 안에 걸기도 했지만, 돌방의 벽과 천장에 직접 그리기도 했어요.

고구려인들이 처음 만들었던 돌무지무덤이에요. 죽은이를 뉠 자리에 돌을 깔고, 시신을 넣고 나서 그 위를 돌로 덮었어요. 고구려 초기 도읍이던 졸본의 오녀산성 주변에서 발견되었어요.

국내성 시대에 만들어진 별도의 방이 있는 대형 무덤이에요. 태왕릉은 한 변의 길이가 66m, 무너진 상태의 높이가 15m인 초대형 돌무지돌방무덤이랍니다. '태왕릉이 산처럼 안전하고 튼튼하기를 원합니다.'라는 글이 새겨진 벽돌이 발견되었어요.

고구려가 동북아시아의 강국으로 떠오르는 4세기에 이르러 돌로 방을 만들고 그 위를 흙으로 덮는 흙무지돌방무덤이 만들어져요. 내부에 여러 가지 장식을 할 수 있어 크게 유행하게 되지요. 북한 남포시에 있는 강서대묘도 같은 방법으로 만들어졌어요.

중국 지안시의 장군총이에요. 장군총은 돌무지무덤 가운데 가장 늦게 만들어진 편으로, 잘 깎아 다듬은 화강암 석재를 사용하여 정교하게 만든 최고의 계단식 돌무지돌방무덤이에요. 제단이 있는 것으로 보아 고구려 왕의 무덤으로 생각되지만 어느 왕의 능인지는 확실하지 않아요.

안악 3호분의 내부를 복원한 그림이에요. 마치 궁궐을 보는 듯한 느낌이 들 정도로 화려한 장식이 가득해요.

귀족들 사이에서 돌방을 흙으로 덮는 흙무지돌방무덤이 유행하자 돌방 안을 벽화로 장식하는 관습이 생겼어요. 새로운 도읍지였던 대동강 유역뿐 아니라, 돌무지무덤이 가득한 국내성 일대에도 돌방무덤이 만들어지고 돌방 안을 벽화로 장식하게 되었지요.

초기의 고분 벽화는 주로 죽은 이가 죽기 전에 누리던 지위나 생활이 죽은 뒤에도 계속되기를 바라는 뜻을 담은 여러 생활 모습들로 채워졌어요. 하지만 시간이 흐르면서 중국에서 들어와 널리 유행하던 불교의 영향을 받게 되어요. 그래서 불교적 깨달음이나 연꽃무늬가 그려지지요. 또 이 시기에 신선 신앙 등의 영향을 받아 청룡, 백호, 주작, 현무 등 사신이 벽화의 주인공으로 등장한답니다. 그러다가 한참 뒤에는 사신만을 고분 벽화의 주인공으로 삼게 되어요. 죽은이가 살아갈 세상이 사신의 힘으로 평화롭게 보호되기 바라는 마음이 고구려 귀족들 사이에 널리 퍼졌기 때문이에요.

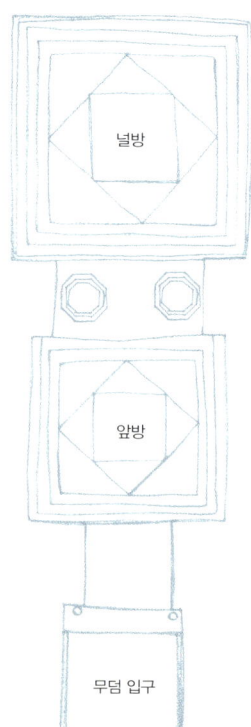

쌍영총 내부를 간략하게 묘사한 그림이에요. 무덤의 입구를 지나면 벽화가 그려진 앞방이 있고, 두 개의 돌기둥이 널방 앞에 서 있어요.

중국 랴오닝 성 박물관에 전시된 고구려 미창구장군무덤의 복원 모습이에요. 특이하게도 무덤 벽과 천장이 모두 불교의 상징인 연꽃으로 장식되어 있어요.

가화만사성

고구려 사람들은 지금과 마찬가지로 집안이 화목해야 모든 일이 잘될 거라고 믿었어요. 그래서 배우자를 맞이한 고구려 귀족들은 집안일을 나눠서 돌봤어요. 남편은 사랑채에서 바깥일을, 부인은 안채에서 집안일을 돌보면서 집 안팎의 일들이 잘 이루어지도록 애썼지요.

이런 이유로 고구려 귀족의 저택은 사랑채와 안채가 뚜렷하게 구분되어요. 바깥주인이 주로 머무르던 사랑채는 주인의 신분, 지위에 따른 일을 하는 자리이기도 했고, 손님이나 부하들을 맞이하는 장소이기도 했어요. 사랑채의 한쪽에서는 주인 밑에서 일하는 사람들, 주인의 초대를 받은 사람들이 머무르기도 했지요. 사랑채 앞뜰에는 활쏘기 연습이나 간단한 검술 훈련을 할 수 있는 공간이 따로 있었던 것으로 보여요.

안채에서는 살림살이가 이루어졌어요. 안채는 주로 부인이 관리했어요. 여자 시종들이 지내는 곳이 안채에 마련되었고, 외양간, 마구간, 차고, 다락 창고, 부엌, 우물, 방앗간, 고깃간 등이 부속 시설로 딸려 있었어요. 안채는 주인 부부를 위한 공간으로 쓰였고, 별채가 노부부와 자녀들을 위해 따로 지어졌지요. 사랑채와 안채 사이, 안채와 별채 사이에는 전돌이 깔려 비나 눈이 올 때도 질척거리는 흙마당을 밟지 않고 다닐 수 있었어요.

마구간의 말들은 주인이 사냥을 하거나 전쟁에 나갈 때 타기 위한 것이었어요. 안악3호분 벽화

행랑채
종들이 머물던 곳

부뚜막은 아궁이와 굴뚝이 'ㄴ' 자로 꺾이도록 만들어졌어요. 그래야 아궁이에 불을 땔 때 발생한 열이 오랫동안 아궁이 안에 머물기 때문이에요. 안악3호분 벽화

높은 귀족 집안은 음식 그릇으로 고급스러운 칠기를 썼어요. 가볍고 튼튼하며 검은 윤이 반짝이는 비싼 칠기 중에는 같은 무게의 금보다 비싼 것도 있었다고 해요. 무용총 벽화

주로 사냥을 통해 마련된 새와 짐승 고기들은 따로 마련된 고깃간 갈고리에 걸어 보관했어요. 안악3호분 벽화

귀족집에는 거의 예외 없이 방앗간이 있어서 그때그때 디딜방아로 곡식을 찧어 밥을 해 먹을 수 있었어요. 또 안채 뒤편에는 도르래가 달린 용두레 우물도 따로 마련되어 있어서, 물을 길러 밖에 나갈 필요가 없었답니다.

귀족의 밥상에 오르는 밥은 주로 기장이나 조, 수수로 만들었어요. 디딜방아로 잘 찧은 곡식가루를 미지근한 물에 반죽한 다음 시루에 쪄 내기도 하고, 물에 풀어서 걸쭉하게 끓이기도 했답니다.

귀한 손님을 위한 특별 요리로 외국에 '맥적'으로 널리 알려진

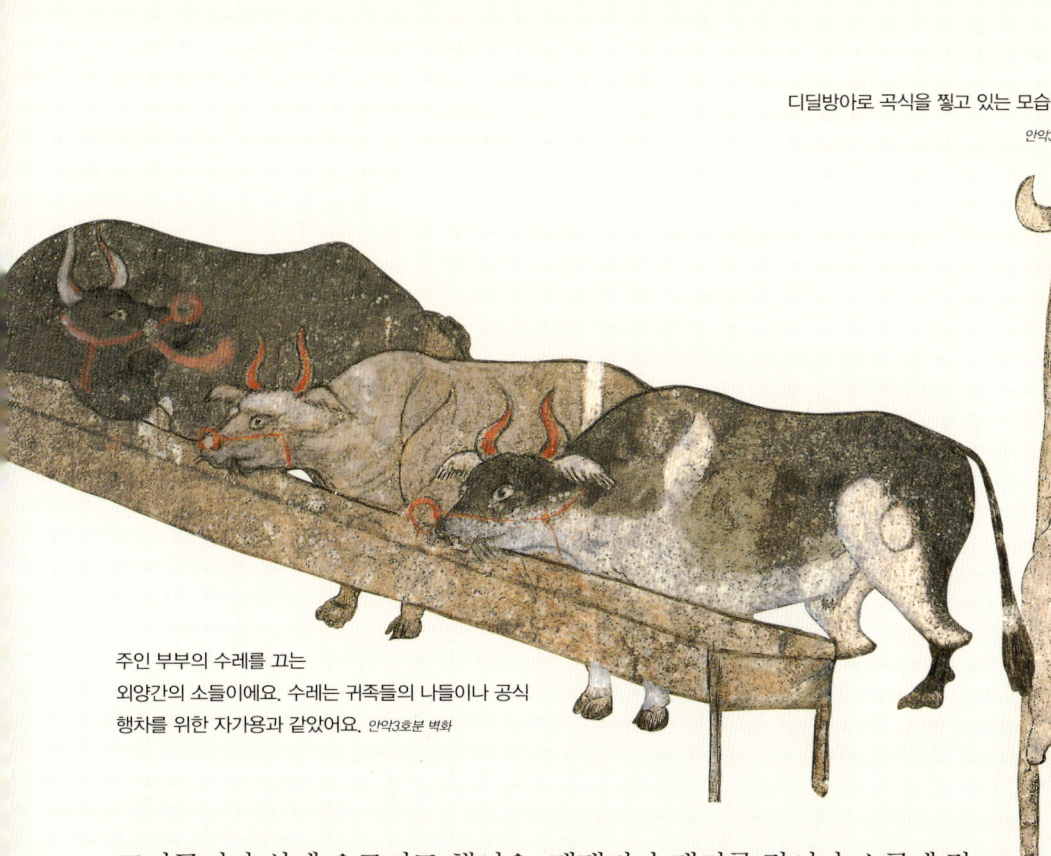

디딜방아로 곡식을 찧고 있는 모습이에요. *안악3호분 벽화*

주인 부부의 수레를 끄는 외양간의 소들이에요. 수레는 귀족들의 나들이나 공식 행차를 위한 자가용과 같았어요. *안악3호분 벽화*

고기구이가 상에 오르기도 했어요. 멧돼지나 돼지를 장이나 소금에 잘 절였다가 양념을 짙게 하여 불에 구워 낸 맥적은 대접을 받은 손님이면 누구나 기뻐하며 즐기던 고구려의 으뜸가는 요리였어요.

고구려 땅에서 난 콩으로 만든 장은 맥적만큼이나 소문난 기초 음식 재료였어요. 고구려에서는 장맛으로 그 집안의 역사와 귀함을 평가했기 때문에, 집집마다 안채의 안주인은 특유의 장 담그는 기술을 간직하고 대대로 전하는 데에 힘썼지요.

귀족과 승려들은 음식이 담긴 검게 빛나는 칠기 접시를 발이 높은 상에 올려 놓고 숟가락과 젓가락으로 식사를 했어요. 손님이 여럿일 때는 각각 차린 음식상을 내가느라 시녀들의 손놀림, 발놀림이 분주했을 거예요.

귀족의 외출용 수레예요. 귀족 남자는 차양이 없는 수레를 탔고, 귀부인과 승려는 좌우와 뒤가 막히고 앞만 살짝 열린 수레에 탔어요. *안악3호분 벽화*

안악3호분의 남자 주인이에요. 주인의 신분이 무척 높은가 봐요. 주변 사람들이 손에 죽간과 붓을 들고 공손한 자세로 주인과 이야기하고 있어요. 귀족은 아름다운 빛깔로 염색된 천 위에 여러 가지 무늬와 장식을 덧댄 옷감으로 통이 넓은 저고리와 바지를 해 입었어요. 남녀 모두 소매와 바지단의 끝이 쉽게 닳지 않도록 선을 댔는데, 이것이 옷을 더 아름다워 보이게 했답니다.

귀족 저택의 사랑채와 안채, 별채에는 'ㅡ'자, 혹은 'ㄱ'자로 놓인 쪽구들 온돌이 놓였어요. 온돌은 구들 앞 아궁이에 불을 넣으면 불기운이 고래를 타고 가면서 구들돌을 데워 그 위에 앉거나 누우면 따뜻한 기운을 즐길 수 있는 고구려식 바닥 난방 시설이었어요. 고조선, 옥저 등에서 개발된 온돌이 고구려에서는 더욱 발전하여 왕궁이나 관청, 사원에 고래를 여러 줄 설치한 온돌방이 만들어지기도 했답니다. 평상시에는 평상이나 의자에 앉아 생활하고 잠은 다리가 낮은 침대에서 잤지만, 찬바람이 부는 가을부터는 귀족 집안의 방 한구석을 차지한 구들이 어른, 아이 가릴 것 없이 누구에게나 인기였어요.

안악3호분의 여주인이에요. 여자들이 걸치는 치마를 입고 있어요.
귀족 부인들이 입던 색동 주름치마와 평범한 집 여인네들이 두르던 색깔 없는 주름치마는 쉽게 구별되었지요.
여자들은 대부분 바지 위에 치마를 덧입었어요.

화려한 외출

한 지역 전체를 맡아 다스리는 큰 성의 성주나 장군으로 임명 받은 귀족은 남녀 시종과 군악대, 완전 무장한 군인들을 거느리고 맡은 지역을 돌아보러 다니기도 했어요. 또 전쟁에서 이겼을 때에는 승전을 알리는 행사를 벌이기도 했지요. 행렬의 규모는 신분이나 지위에 따라 달랐어요.

안악3호분의 대행렬에는 흰 소가 끄는 주인공의 수레를 둘러싼 남녀 시종 외에도, 각종 악기를 다루는 군악대 64명, 의장용 깃발을 든 기수대, 전투용 도끼를 어깨에 맨 부월수 부대, 활을 다루는 궁수 부대, 둥근고리큰칼을 쓰는 도수 부대, 말과 사람 모두 갑옷과 투구로 무장한 창수철기대가 참가하고 있어요.

안악3호분의 주인공 행렬을 그린 벽화예요. 앞과 가운데 행렬의 250명을 포함해서, 뒷부분까지 합하면 참가자가 500여 명에 이르는 대행렬이에요.

보병 부대 병사들이에요. 창과 방패를 들고 행렬에 맞춰 걷고 있어요.

의장용 깃발을 맨 기수대예요. 머리에 뿔을 단 말을 끌고 있어요. 앞선 사람은 오른손에 칼, 왼손에 활을 들고 검무를 추고 있네요.

말과 사람 모두 갑옷과 투구로 무장했어요. 용맹하기로 이름난 고구려 창수철기대의 모습이에요.

도끼를 들고 있는 부월수들이에요. 이렇게 생긴 도끼가 실제 전투에 사용되었답니다.

귀부인의 나들이 장면이에요.
덕흥리벽화분 벽화

   고구려 귀족들이 항상 이렇게 큰 행차를 한 것은 아니에요. 평소 귀족 부부가 나들이를 할 때는 시종들만 뒤를 따랐을 거예요. 집안의 여인들과 남녀 시종들은 한낮의 강한 볕을 가리기 위해 주인 부부의 머리 위로 박쥐양산을 들어 올린 채 뒤를 따르기도 하고, 소가 끄는 수레를 모는 등 귀족 부부를 따라 나들이에 나섰답니다.

   나들이에 나선 귀족들은 곡예사들의 곡예를 즐기거나, 운동 경기를 보며 여유로운 한때를 보냈을 거예요. 각각의 소수레에 타고 많은 사람의 호위를 받는 큰 행렬이건, 박쥐양산을 받쳐 든 시종들만을 거느린 작은 행렬이건 부부가 함께 하니 더욱 기분 좋았겠지요?

놀이와 춤, 음악을 즐겨요

고구려의 여러 가지 운동 중에서도 씨름은 고구려 사람들이 가장 즐기던 놀이 중에 하나였어요. 민속 씨름을 묘사한 가장 오래된 그림이 각저총 벽화의 씨름도랍니다. 복장도 지금의 민속 씨름과 크게 다를 바가 없어서 선수는 웃통을 벗고, 잠방이만 걸친 하체에는 샅바로 보이는 긴 천을 매고 경기를 했지요. 씨름과 함께 인기 있던 운동인 수박희는 동아시아 여러 곳에서 즐기던 격투기예요. 태껸, 태권도의 유래로 보이는 수박희는 씨름처럼 웃통은 벗고 아래에도 짧은 아랫도리만 걸친 채 팔과 다리, 손과 발로 상대를 때려 쓰러뜨리거나 항복을 받아 내는 격렬한 운동이었어요.

마사희는 말을 타고 달리면서 얼마나 활을 잘 쏘는지를 겨루는 놀이였어요. 사냥은 체력 단련을 위한 운동이지만, 한편으로는 군사 훈련이기도 했어요. 또 나라에서 하늘에 제사 지내기 위한 제물을 마련하는 공식 행사로도 열렸고, 마을에서 곡식 농사만으로 부족한 먹거리를 확보하기 위해 열기도 했답니다.

팔과 다리의 근육이 뚜렷이 드러난 씨름꾼 두 사람이 두 손으로 상대의 샅바를 움켜쥐고 한 다리로 버티며 상대방을 넘어뜨리려 온 힘을 다하고 있어요. 한 명은 뾰족하게 솟은 매부리코를 지녔고, 눈도 더 커 보이는 것으로 미루어 서역인으로 생각되어요. *각저총 벽화*

안악3호분 벽화에 두 역사가 태껸과 비슷한 대련 자세로 상대방의 허점을 노리는 모습이 그려져 있어요. 팔과 다리가 굵고 근육이 발달되어 가슴선도 또렷이 보이는 것으로 미루어, 두 역사 모두 오랫동안 운동으로 단련했음을 알 수 있지요. 격투 중인 탓에 머리의 상투도 그대로 드러냈답니다.

평강공주의 신랑이 된 바보 온달은 사냥꾼이었어요. 평민이었던 온달이 장군감으로서의 자질과 능력을 보여 주며 평원왕의 눈에 들 수 있었던 것도 나라에서 열리는 '낙랑회렵'이라는 큰 사냥 대회가 있었기 때문이에요. 덕흥리벽화분 벽화

마사희는 말을 타고 달리면서 땅에 꽂은 긴 막대 위에 달린 과녁을 화살로 잇달아 맞추는 경기였어요. 과녁을 맞춰 딴 점수로 순위를 가렸답니다. 마사희가 열리면 말타기, 활쏘기에 자신 있는 사람들이 앞 다투어 참가해 누가 고구려 시조 '주몽'처럼 두 가지 기술 모두에 뛰어난 능력을 지녔는지 겨루었어요. 마사희 때 기록을 맡은 이와 심판을 보는 이가 여럿 있었던 것은 이런 치열한 경쟁 때문이었어요. 덕흥리벽화분 벽화

삼실총에 그려진 천인의 악기 연주 장면이에요. 기타처럼 생긴 완함이라는 악기를 연주하고 있어요.

고구려에서는 춤과 음악을 매우 중요하게 여겼어요. 무용총의 무용 장면에서 볼 수 있듯이 여러 사람이 열을 지어 춤을 추기도 했답니다. 무용수들은 보통 소매가 길고 통이 넓은 저고리를 입었기 때문에, 팔을 흔들며 춤출 때 아름다운 무늬로 장식된 소매가 펄럭거려 새가 나는 것처럼 보였을 거예요. 또 열을 지은 무용수들의 저고리와 바지, 혹은 긴 두루마기의 색을 서로 엇갈리게 배치해서 이들이 춤추는 동안 색깔의 변화와 어울림이 두드러져 보이도록 하기도 했답니다.

고구려의 악기는 모두 38종에 이른다고 해요. 고려 시대나 조선 시대에 아악을 연주할 때 사용하던 악기의 수와 크게 차이가 나지 않는 것으로 보아, 고구려에서 사용되던 악기가 매우 다양했음을 알 수 있어요.

삼실총에 그려진 또 다른 천인은 뿔나팔을 불고 있어요.

지린 성 무용총 벽화에 있는 뿔나팔 부는 선인이에요. 뿔나팔은 고구려 고분 벽화에 가장 많이 등장하는 관악기예요.

오회분4호묘 벽화에서 선인이 손바닥으로 가볍게 장고를 두드리고 있는 모습이에요. 오른쪽 선인은 거문고를 타고, 왼쪽 선인은 칠기 그릇에 불사약을 담고 하늘을 날고 있어요. 불사약이 붉은 것은 안에 수은이 들어있기 때문이에요.

한편 고구려 남자들은 머리에 쓴 모자로 신분과 지위가
구별되었어요. 춤을 추는 고구려 사람의 모습에서도 볼 수
있듯이 보통 고깔 모양 절풍이라는 세모꼴 모자를 머리에
썼는데, 장식으로 꽂는 깃털의 수가 신분에 따라 정해져
있었어요. 깃털을 가득 꽂은 절풍을 쓴 남자들도 은깃이나
금깃이 꽂힌 절풍을 쓴 남자보다는 신분이 낮았어요.

네모꼴 모자 '관' 위에 덧쓴 '라'라는 비단으로 만든 덧관도
색깔에 따라 신분이 구분되었지요. 그 중에서도 백라관은
왕만이 쓸 수 있었어요.

열을 지어 춤추는 사람들의 모습이에요. 입은 옷으로 보아 맨 앞 사람이 남자이고, 뒤에 두 사람이
여자라는 것을 알 수 있어요. 남자는 절풍을 쓰고 있고, 여자들은 바지 위에 치마를 입고 있어요. 무용총 벽화

고구려의 악기들

고구려에서는 많은 군인들이 동원된 대귀족의 큰
행차에 악대와 무용수가 등장할 정도로 춤과
음악을 중요하게 생각했어요. 또 그만큼 춤과
음악을 즐기기도 했지요.
거문고 외에도 완함, 피리, 소 등이 자주
쓰였고, 군대의 행렬에서 추는 군무
때에는 북이나 종 같은 타악기들도
사용되었어요.

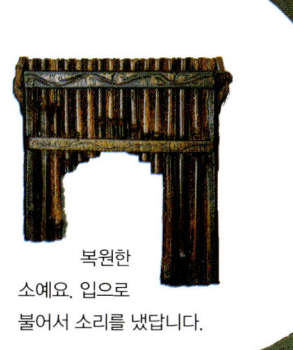

복원한 흔들북이에요. 흔들면 소리가
나는 악기였어요.

복원한 손북이에요. 어깨에
메고 손으로 쳐서 소리를
냈어요.

복원한
소예요. 입으로
불어서 소리를 냈답니다.

뿔나팔이에요. 군대에서도
신호용으로 사용했어요.

복원한 장고예요. 중앙아시아 지역에서
전해졌어요.

마음의 평화를 위하여

고구려 사람들은 살아 있을 때 삶이 죽어서 조상신들의 세계로 되돌아가서도 그대로 계속된다고 믿었어요. 귀족은 죽은 뒤에도 다시 귀족의 삶을 살 수 있고, 평범한 사람들은 죽어서도 그대로 평범한 백성이 된다고 생각했던 거예요. 그리고 큰 개나 말, 새가 죽은이를 조상신의 세상으로 데려가는 사자로 여겨졌지요.

그런데 중국으로부터 전해진 불교는 새로운 믿음을 고구려 사람들 사이에 퍼뜨렸어요. 현재 어떻게 살았는지에 따라 죽은 뒤의 삶이 결정된다는 믿음이었지요. 이런 불교의 가르침대로라면 살아 있을 때 바르고 선한 일을 많이 해야 했어요. 그래야만 다음 세상에서 더 나은 삶을 기약할 수 있기 때문이지요.

(위)신비한 새 양광이에요. 삶이 끝없이 계속되기를 바라던 사람들의 '꿈'이 불사조의 모습에 담겨 있는 거예요. 덕흥리벽화분 벽화

(아래)강서중묘에 있는 천장고임 인동연화문양이에요. 새로운 생명의 탄생 과정을 나타내기 위해 꽃문양을 모두 다르게 그렸어요.

시간이 흐를수록 불교의 낙원에 피는 연꽃에서 태어나기를 바라는 사람들이 많아졌어요. 점점 더 많은 사람들이 절에 탑이나 불상을 만들 비용을 내거나 불상을 직접 만들어 바쳤고, 자신의 무덤 안을 연꽃으로만 장식하는 사람들도 생겨났지요.

죽어서 조상들의 세계로 되돌아가려는 사람도, 불교의 정토에서 삶을 누리려는 사람도 살아 있을 때부터 마음의 평화를 얻고자 애쓰는 것은 당연한 일이에요. 일상생활에서 조상신, 하늘의 해와 달, 별자리의 신들, 신선과 여래와 만나고 대화하는 것이 고구려 사람들에게는 중요했어요. 그래서 고분 벽화로 이같은 중요한 만남이 죽어서도 계속되기를 기원했던 거예요.

중국 지린 성 장천1호분 벽화의 여래상 그림이에요. 현재 남아 있는 불교 회화 가운데 가장 오래된 것으로 여겨져요. 장천1호분은 널방 벽과 천장 전체에 연꽃을 그려 넣었던 것으로도 잘 알려져 있어요.

덕화리1호분 널방 천정석의 연꽃무늬예요.

551년경 만들어진 금동미륵반가사유상의 모습이에요. 고구려에서도 동북아시아의 다른 나라들처럼 불상을 만들었답니다. 평양시 평천리 출토

고구려 고분 벽화와 중국의 화상석

산시성 화상석(위)과 산둥성 화상석(아래)의 서왕모 모습이에요.

진한 시대의 중국에서는 죽은이에게 바치는 미술이 특히 발전했어요. 후한 시대에는 죽은 뒤 선계(仙界)에서의 삶, 살아 있을 때의 화려한 삶, 신화와 전설, 하늘의 별자리 등을 그림으로 새겨 넣고 그 위에 색깔을 입힌 돌로 무덤방을 만들었어요. 이같이 무덤방에 사용하는 돌을 화상석이라고 하는데, 화상석으로 무덤을 장식하는 관습이 한때 크게 유행했답니다.

고구려에서는 3세기부터 고분 벽화가 만들어지는데, 중국과 생활 풍속이나 종교, 신앙이 같지 않기 때문에 벽화의 내용도 많이 다르답니다. 삼황오제와 같이 고구려 사람들에게 낯선 중국식 신화나 전설은 그려지지 않았어요.

또 중국 한나라 때 유행하던 옷이나 집의 형태, 집 안의 시설들, 음식 등도 고구려 고분 벽화에는 등장하지 않지요. 대신 해신, 달신의 얼굴과 표정은 일반적인 고구려인의 모습으로, 옷도 고구려 저고리로, 벽화의 색깔과 선도 중국 것보다 선명하고 더 힘 있게 바뀌어 그려져요. 집도 고구려인이 살던 집의 모양으로 바뀌고, 국내성이나 평양성에서 볼 수 있는 익숙한 집 안의 시설이나 가축들이 등장하게 되어요. 부뚜막과 발 높은 상의 모양에서 우물과 방앗간의 모습까지, 고구려에서 늘 만날 수 있고 볼 수 있는 것이 벽화로 그려지는 거예요.

세발까마귀를 그린 고구려 각저총 벽화(왼쪽)와 중국 허난의 화상석(오른쪽)이에요. 고구려 세발까마귀는 머리에 있는 벼슬이 특이해 보여요.

고구려 해신, 달신(왼쪽)과 중국 투르판의 해신 달신(오른쪽)이에요. 소재는 같지만 표현은 많이 달라요.

시간이 흘러도 중국에서 들어온 소재들이 고구려식으로 소화되고 다시 만들어지는 것은 처음과 크게 다르지 않아요. 동아시아에서 불교가 크게 유행하던 시기에 고구려 사람들 사이에도 불교 신앙이 널리 퍼지지만, 중국의 석굴 사원이나 고분 벽화와는 달리 고구려에서는 연꽃만으로 장식된 고분 벽화가 등장해요. 또 중국의 영향을 받은 사신도가 고구려 무덤의 돌방 안에 그려질 때도, 중국과는 달리 사신만이 그려지는 벽화로 표현되지요.

순수한 연꽃만의 세계나, 청룡·백호·주작·현무의 사신만을 무덤의 수호신으로 삼은 것은 고구려만의 문화 현상이라고 할 수 있는 거예요. 중국 것을 그대로 받아들이거나 아예 받아들이지 않는 것이 아니라, 받아들인 문화를 소화시켜 새로운 문화를 만들어 내는 것이 고구려 문화의 특징이랍니다.

고구려 강서대묘의 백호(왼쪽)와 당나라 벽화(오른쪽)의 백호예요.

고구려는 우리에게 무엇일까요

우리나라 고대사의 주인공 가운데 하나였던 고구려.
그러나 지도를 더 넓혀서 바라보면 한반도뿐 아니라, 동북아시아를 하나의 문화로 묶어
저 멀리 서역까지 알린 나라예요. 동아시아를 대표하는 문화 강국으로서 동아시아로부터 중앙아시아까지
수많은 나라들의 관심을 끌었답니다.
그런 까닭에 현재 우리나라를 하나로 묶는 이름 '코리아'를 남긴 고구려는
동북아 시대 우리 문화의 주춧돌이랍니다!

고구려가 왜 우리 역사일까요?

고구려가 세워지기 전부터 중국 동쪽의 세계는 중국과 다른 역사와 문화를 지닌 곳이었어요. 고조선, 부여 등의 나라들이 지닌 문화는 자신들만의 역사적 경험을 바탕으로 만들어졌지만, 한 가지 색깔로 묶여 있지는 않았어요. 그러다가 마침내 고구려가 등장하면서 동방 세계의 문화를 하나의 커다란 그릇에 담아 '범고구려 문화'라는 특유의 새로운 맛과 빛깔을 낼 수 있게 되었지요.

고구려는 다른 나라 문화에 개방적이었고, 새롭게 받아들여진 문화에 자신만의 개성을 담는 데 능했어요. 고구려가 받아들인 다른 문화 요소는 오래지 않아 고구려의 개성이 잘 어우러진 고구려표 문화의 일부로 녹아들게 되는 거예요. 고구려 사람들의 열린 마음과 개방적인 자세는 보다 국제성이 풍부한 문화가 만들어지는 데 큰 역할을 했답니다.

거란

후연

고구려 사신에 대한 내용이 적혀 있는 돌궐 비문이에요. 고구려 사신이 몽골 초원 지대까지 직접 찾아갔다는 사실을 알 수 있어요.

우즈베키스탄 사마르칸트 고구려 사신 벽화예요. 머리에 깃털을 꽂은 두 명이 고구려 사람으로 추측되어요. 중앙아시아까지 사신을 보냈던 것을 보면 적극적인 외교 활동을 펼친 것을 알 수 있지요.

숙신

고구려

백제
신라
가야

왜

지린 성 지안에 있는 광개토 대왕릉비예요.

신라의 경주에서 출토된 광개토 대왕 이름이 적혀 있는 청동 그릇이에요.

고구려 화가 담징이 그린 것으로 전해지는 일본 호류지 금당 벽화예요.

고구려가 멸망하고 30년 가까운 세월이 흐른 뒤, 대조영이 이끌던 고구려 부흥군이 백두산 동북쪽에 있는 동모산에서 다시 한 번 고구려의 건국을 선언했어요. 역사상 발해로 불렸던 새 나라, 외교 문서에 스스로 고구려의 후예임을 선언했던 새 고구려가 역사에 다시 등장한 거예요. 고구려를 계승한 발해가 서자, 동북아시아는 여전히 독자적인 문화를 유지할 수 있었어요.

발해 상경성 터에서 발굴된 용머리

요나라에서 만들어진 요삼채 토기

거란이 세운 요나라에 발해가 멸망한 후에도, 고구려 때부터 전해 온 독자적인 문화는 후고구려와 고려를 통해 계속 전달되어요. 고려의 외교가 서희가 거란과 외교를 통해 유리한 조약을 맺을 수 있었던 것도 고구려의 문화를 이은 나라가 어떤 나라인지를 따졌기 때문이었어요. 그만큼 동북아시아에서 고구려의 영향력이 오랜 시간 지속된 거예요.

고려 문신이었던 서희 동상

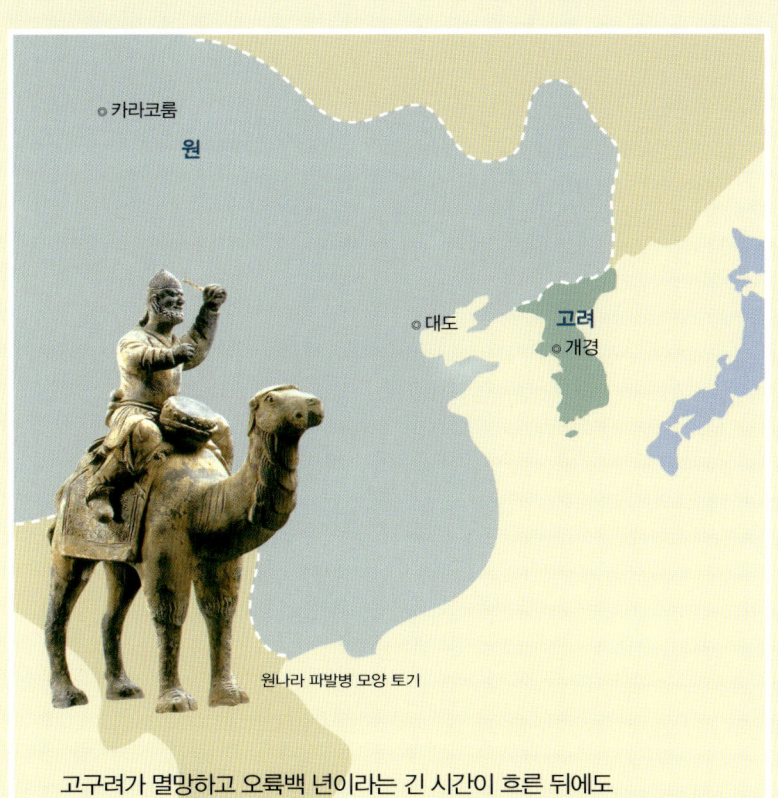

원나라 파발병 모양 토기

원나라 시조인 쿠빌라이의 초상

고구려가 멸망하고 오륙백 년이라는 긴 시간이 흐른 뒤에도 고구려의 이름은 없어지지 않고 계속 이어진답니다. 원나라의 시조인 쿠빌라이는 고려가 원나라와 화친을 하자, '만리나 되는 영토를 가진 고구려가 항복하다니'라며 기뻐했다는 기록이 남아 있어요.

명나라 시대에 만들어진 돌사자상

광개토 대왕릉을 황제묘로 표시하고 그 위치를 밝혀 놓은 조선 시대 해동지도

고구려 사람들은 고구려의 멸망과 함께 주변 각 지역으로 흩어졌지만, 이로 인해 고구려의 소중한 문화 유산들이 발해뿐 아니라 통일 신라, 일본, 중국 내륙 지역, 거란과 말갈을 포함한 만주와 몽골 고원까지 퍼져 새로운 문화를 창조하는데 큰 역할을 하게 되었어요. 또한 이렇게 만들어진 문화는 고려와 조선을 통해 지금 우리에게까지 이어지고 있답니다.

고구려가 '주몽의 나라'로 불렸던 것은 잘 알고 있겠죠? 주몽은 위대한 전사이자 뛰어난 영웅이었어요. 이러한 영웅이 세운 나라이기에 동북아시아에서 가장 힘 센 나라가 되었을 거예요. 하지만 힘만 센 나라였다면 지금처럼 가슴 두근거리는 매력은 없었을지도 몰라요. 고구려는 중국과 중앙아시아, 서아시아와의 교류를 통해 문화를 받아들이고, 소화하고, 거기에 고구려만의 개성을 덧붙여서 끊임없이 새로운 문화를 만들어 냈어요. 이런 특성을 지닌 고구려 문화는 고구려 바깥 세계로 번지면서 동북아시아를 범고구려 문화권으로 만들어 나가는 바탕이 되었지요.

천상의 세계를 꿈꾸고, 완벽한 산성을 만들고, 아름다운 고분 벽화를 창조했던 고구려는 군사 강국이었을 뿐만 아니라 문화 강국이었기에 지금까지 우리에게 설레임을 주고 있는 거예요.

동북아시아를 떠나 세계로 뻗어 나가는 21세기 '한류'를 꿈꾸는 우리들에게, 고구려는 그 어떤 나라보다도 더 가깝게 느껴져요. 그리고 두 어깨가 무겁기도 해요. 왜냐하면 고구려를 기억하고, 우리가 기억하는 고구려의 모습을 이웃에게 알리는 것은 온전히 우리 몫이니까요.

한눈에 보는 고구려 역사 연표

기원전 37년 주몽, 고구려 건국

기원전 28년 북옥저 통합

기원전 19년 2대 유리왕 즉위

서기 3년 국내성 천도

13년 부여와의 전쟁

18년 3대 대무신왕 즉위

20년 동명왕묘 세움

21~22년 부여 공격

26년 개마국, 구다국 정복

53년 6대 태조왕 즉위

56년 동옥저 정복

121년 후한의 유주자사 격파

122년 후한과의 전쟁에서 부여의 방해로 패배

146년 7대 차대왕 즉위

165년 명림답부의 정변으로 신대왕 즉위

179년 9대 고국천왕 즉위

191년 을파소 등용

194년 진대법 실시

197년 10대 산상왕 즉위, 발기의 난 진압

227년 11대 동천왕 즉위

246년 위나라 관구검의 침입

3세기 고구려 무덤 벽화 등장

248년 12대 중천왕 즉위, 순장 금지

270년 13대 서천왕 즉위

280년 숙신 격퇴

285년 모용 선비와 부여 쟁탈 전쟁

292년 14대 봉천왕 즉위

300년 15대 창조리의 정변, 미천왕 즉위

311년 요동의 서안평 공격

313년 낙랑군 정복

314년 대방군 정복

331년 16대 고국원왕 즉위

342년 모용 선비의 공격으로 수도 함락

371년 고국원왕 백제와의 전투 중 전사
　　　17대 소수림왕 즉위

372년 불교 수입, 태학 설립

373년 율령 반포

384년 고국양왕 즉위

385년 중국 유주, 기주의 백성들 대거 망명

391년 불교 권장
　　　19대 광개토왕 즉위

392년 백제 관미성을 함락시킴
　　　거란 정벌

396년 백제왕의 항복, 58촌 700촌락을 빼앗음.

398년 숙신 정벌

400년 5만 병력을 신라로 파견하여 신라 구원,
　　　가야와 왜 연합군 격퇴

407년 5만 군대로 후연 격파

408년 후연 멸망

410년 동부여 정벌

413년 20대 장수왕 즉위

424년 광개토 대왕릉비 건립

427년 평양 천도

433년 고구려에 대항하여 백제와 신라의
　　　나제동맹 성립

463년 신라에 주둔했던 고구려군 몰살

475년 백제를 공격하여 개로왕을 죽임, 백제
　　　웅진으로 천도

479년 유연과 함께 지두우 분할

481년 신라 공격

492년 21대 문자명왕 즉위

494년 북부여 항복

504년 백제에게 한강 유역의 일부 지역을 빼앗김

504~507년 물길 제압

519년 22대 안장왕 즉위, 백제로부터 한강유역
　　　다시 회복

531년 23대 안원왕 즉위

544년 귀족 내부 분열

545년 24대 양원왕 즉위

551년 돌궐이 고구려 신성을 공격함
　　　백제, 신라 연합군이 고구려 남부 공격

553년 신라가 한강 유역 차지

559년 25대 평원왕 즉위, 돌궐 격파

578년 온달의 활약으로 후주와의 전쟁에서 승리

586년 평양성으로 천도

589년 수나라의 중국 통일

590년 26대 영양왕 즉위

598년 수나라 요서 지방을 선제 공격
　　　수의 1차 침입을 요서, 발해만에서 격파

607년 동돌궐에 파견한 고구려의 사신이
　　　수양제를 만남

612년 수의 2차 침입을 격퇴하고 요동성과
　　　살수에서 대승을 거둠

613년 수의 3차 침입 격퇴

614년 수의 4차 침입, 자진 철수

618년 27대 영류왕 즉위
　　　당나라 건국

631년 천리장성 수축

642년 연개소문의 정변, 28대 보장왕 즉위

645년 당의 침입, 안시성 전투로 격퇴

647년 당이 고구려 석성 공격

648년 당나라 수군이 고구려의 압록강 하구
　　　공격

649년 당나라 태종의 죽음으로 당의 고구려 침략
　　　일시 중지

654년 고구려의 거란 정벌 실패
　　　백제와 연합하여 신라 공격, 33성 점령
　　　당의 고구려 변방 침입

660년 백제 멸망, 당의 고구려 변방 침입

665년 연개소문 죽음

666년 고구려 남생, 남건, 남산 형제 내분

667년 당나라 군대에 신성 함락

668년 당나라 군대에 부여성 함락, 신라 군대에
　　　한성 함락
　　　9월 당과 신라의 연합군에 고구려 멸망

669년 고구려인 20만 명이 당나라로 끌려감

670년 검모잠의 부흥 운동

676년 보장왕의 부흥 운동

698년 대조영의 발해 건국

찾아보기

ㄱ

각저총 68, 74
간쭈 성 51
강서대묘 54
강서중묘 72
개모성 46
거란 12, 13, 78, 80, 81
건안성 40, 42, 43, 46
고국원왕 11
고조선 62, 78
광개토왕 12, 13, 15
구들 62
국내성 40, 41, 43, 48
금동미륵반가사유상 73
금성 12, 80
기린 20, 22

ㄴ

낙랑회렵 69
남두육성 22, 26, 27
널방 56

ㄷ

담징 79
당나라 16, 17
당나라 태종 46, 47
당차 46
대성산성 48
덕화리1호분 73
덕흥리벽화분 28, 69, 72
도수 부대 65
돌궐 14, 78
돌무지돌방무덤 54, 55
돌무지무덤 54, 55, 56
돌방무덤 54, 56
동명성왕 10

ㄹ

랴오닝 성 57

ㅁ

마사희 68, 69
말갈 81
맥적 60, 61
무용총 27, 60, 70, 71
문자명왕 14
미창구장군무덤 57
미천왕 11

ㅂ

발해 17, 79, 80
백라관 71
백암산성 37, 43, 45
백제 11~15, 17, 79
백호 22, 26, 75
보루 33, 42
보장왕 17
봉황산성 37
부경 35, 59
부월수 부대 65
북두칠성 22, 26
북주 14, 15
비사성 42, 43

ㅅ

사마르칸트 78
삼실총 70
삼황오제 74
상경성 79
서왕모 25, 74
서희 80
세발까마귀 24, 25, 74
소수림왕 12
소차 46
송화강 10
수나라 16, 17
수박희 68
수수 35, 60
수양제 46
숙신 12, 13, 79
신라 12~15, 17, 79, 80

ㅇ

아악 70
안시성 40, 42, 43, 46, 47
안악3호분 58, 60~63, 65, 69
안학궁성 48
압록강 10, 11
양광 72
연개소문 17
연주산성 37
예맥 30
오골성 37
오녀산성 36, 38, 50
오회분4호묘 24, 28, 29, 70
오회분5호묘 28
옥저 62
온달 15, 69
온돌 35, 36, 38, 40, 62
완함 70, 71
요동 11, 46
요동성 42, 43, 46
요삼채 80
운제 46
위나암성 40
유리왕 10, 40
유화 20, 24
을지문덕 16

장군총 55
장수왕 13, 15
장천1호분 73
전돌 58
절풍 71
졸본 38, 54
주몽 10, 38, 82
주작 22, 26, 27, 75
지두우 13
지안 35, 55

창수철기대 65, 66
천리장성 42, 43
천상열차분야지도 22
천장고임인동연화문양 72
청룡 22, 26, 27, 75
충차 46
칠기 60, 61, 70
칠성문 49

ㅋ

쿠빌라이 81

태견 68, 69

태왕릉 54
태자하 43
테뫼식 38
통구하 41
퇴물림쌓기 37
투르판 75

ㅍ

판축법 51
평양성 43, 46, 48, 49
평원왕 15
포곡식 38, 40, 48

ㅎ

하백 20
항아 24, 25
해동지도 49, 81
해모수 20, 24
해자 32, 41, 43, 49
현무 22, 26, 75
호류지 금당벽화 79
화상석 74
환도산성 40, 41
황룡 22
후연 12, 13, 78
흘승골성 38
흙무지돌방무덤 54, 56

사진 도움을 주신 분

8–9쪽 고구려 고분 – 김헌수
18–19쪽 밤하늘 전경 – 토픽포토에이전시
21쪽 덕흥리 고분 벽화 일부 – 전호태
22쪽 천상열차분야지도 – 연합뉴스
24–25쪽 두꺼비 · 보름달 두꺼비 – 『조선유적유물도감』, 세발까마귀 · 해신 달신 – 숙명여자대학교 문화예술관광 연구소
26–27쪽 강서대묘 청룡 · 백호 · 현무 · 주작 · 무용총 벽화 – 『조선유적유물도감』
28–29쪽 천인 · 선인 · 옥녀 · 견우와 직녀 – 『조선유적유물도감』, 농사 신 · 수레바퀴 신 · 숫돌의 신 · 선인 – 숙명여자대학교 문화예술관광 연구소
30–31쪽 백암산성 – 시몽포토에이전시
34–35쪽 대장장이신 – 전호태, 부경 – 김헌수, 수수 – 포인스, 부뚜막 모형 · 집모양 토기 – 『조선유적유물도감』
36–37쪽 오녀산성 협곡 · 온돌 흔적 · 오녀산성 연못 · 봉황산성 성벽 · 백암산성 퇴물림 흔적 · 백암산성 치 – 김헌수
38–39쪽 오녀산성 성벽 · 오녀산성 온돌 흔적 · 오녀산성 전경 – 김헌수
40–41쪽 환도산성 구조도 – KOCCA(한국문화콘텐츠진흥원), 통구하를 건너는 다리 · 환도산성 성벽 – 김헌수
42–43쪽 비사성 · 건안성 · 안시성 · 요동성 · 백암성 – 연합뉴스
44–45쪽 백암산성 – 김헌수
48–49쪽 안학궁성 3D 복원도 – 박진호, 평양성 성돌 – 『조선유적유물도감』, 평양부지도 – 서울대학교 규장각, 평양성 칠성문 · 평양성 성벽 – 박진호
50–51쪽 오녀산성 성벽, 오녀산성 전경 – 김헌수, 만리장성 벽돌, 간쑤 성 토성 – 토픽포토에이전시
52–53쪽 산성하고분군 – 김헌수
54–55쪽 돌무지무덤 · 태왕릉 · 장군총 – 김헌수, 강서대묘 – 전호태
56–57쪽 안악3호분 복원도 – 박진호, 쌍영총 내부 구조도 – 『조선유적유물도감』, 미창구장군무덤복원사진 – 김헌수
60–61쪽 무용총 시녀 · 안악3호분 수레 – 『조선유적유물도감』
70–71쪽 삼실총 천인 · 오회분4호 선인 – 숙명여자대학교 문화예술관광 연구소, 무용총 무용 · 흔들북 · 손북 · 소 · 뿔나팔 · 장고 – 『조선유적유물도감』

72–73쪽 장천1호분여래상 – 사계절출판사(한국생활사박물관 3권 고구려생활관), 양광조 · 강서대묘 천장고임 인동연화무늬 · 벽화리1호분 연꽃무늬 · 금동미륵반가사유상 – 『조선유적유물도감』
74–75쪽 산시 성 화상석 · 산둥 성 화상석 · 세발까마귀 · 하남 화상석 · 오회분4호묘 해신 달신 · 투르판 해신 달신 · 당벽화 백호 – 전호태, 강서대묘 백호 – 『조선유적유물도감』
76–77쪽 만주 철도 – 유로포토에이전시
78–79쪽 광개토 대왕릉비 – 김헌수, 우즈베키스탄 사마르칸트 사신 벽화 – 박진호, 호류지 금당 벽화 – 연합뉴스, 신라 호우총 청동합 – 『조선유적유물도감』
80–81쪽 발해 용머리 – 도쿄대학교 문학부, 요삼채 · 낙타 파발병 토기 – 『중국적문명』, 서희 동상 – 포인스, 쿠빌라이 초상 – 유로포토에이전시, 명나라 돌사자상 – 토픽포토에이전시
82–83쪽 고구려 패션쇼 · 세발까마귀 직인 · 맥적 · 재중동포 씨름 · 발해 상경성 위성지도 · 고구려 행렬 재현 · 태왕사신기 세트 · 일본 아악 · 일본 신사 – 연합뉴스, 티벳황단열차 – 토픽포토에이전시

그림 도움을 주신 분

22–23쪽 28수 별자리 – 이광익 · 손미선

벽화 복원화 – 권문성

58쪽 마구간
60–61쪽 부엌과 창고 · 외양간 · 디딜방아
62–63쪽 남자 주인 · 여자 주인
64–65쪽 대행렬도
66–67쪽 보병 · 기수대 · 창수철기대 · 부월수 · 귀부인 나들이
68–69쪽 씨름 · 사냥 · 마사희 · 수박희
70쪽 뿔나팔 부는 선인

웅진주니어는 이 책에 실린 모든 자료의 출처를 찾기 위해 최선을 다 했습니다. 누락되었거나 착오가 있으면 다음 쇄를 찍을 때 꼭 수정하겠습니다.
작업에 협조해 주신 분들께 감사드립니다.

웅진주니어

어린이 박물관 고구려

초판 1쇄 발행 2008년 2월 15일
초판 19쇄 발행 2023년 11월 24일

기획 강응천 | 글쓴이 전호태 | 그린이 김진화, 권문성 | 디자인 달뜸창작실
발행인 이재진 | 도서개발실장 안경숙 | 편집인 이화정 | 책임주간 한재준 | 편집 길유진 | 마케팅 정지운, 박현아, 원숙영, 신희용, 김지윤, 황지영 | 제작 신홍섭

펴낸곳 (주)웅진씽크빅
주소 경기도 파주시 회동길 20 (우)10881
문의전화 031)956-7403(편집), 031)956-7069, 7569, 7570(마케팅)
홈페이지 www.wjjunior.co.kr | 블로그 blog.naver.com/wj_junior | 페이스북 facebook.com/wjbook | 트위터 @new_wjjr | 인스타그램 @woongjin_junior
출판신고 1980년 3월 29일 제406-2007-00046호 | 제조국 대한민국

ⓒ전호태, 2008(저작권자와 맺은 특약에 따라 검인을 생략합니다.)
ISBN 978-89-01-07477-1 73910

웅진주니어는 (주)웅진씽크빅의 유아·아동·청소년 도서 브랜드입니다.
이 책은 저작권법에 따라 보호받는 저작물이므로 무단전재와 무단복제를 금지하며,
이 책 내용의 전부 또는 일부를 이용하려면 반드시 저작권자와 (주)웅진씽크빅의 서면 동의를 받아야 합니다.

* 일러두기
– 본문에 나오는 캐릭터는 독자의 이해와 흥미를 위해 사용한 것입니다.
– 띄어쓰기와 맞춤법은 국립국어원의 표기법을 기준으로 삼았습니다.

잘못 만들어진 책은 바꾸어 드립니다.
주의 1. 책 모서리가 날카로워 다칠 수 있으니 사람을 향해 던지거나 떨어뜨리지 마십시오.
     2. 보관 시 직사광선이나 습기 찬 곳은 피해 주십시오.
웅진주니어는 환경을 위해 콩기름 잉크를 사용합니다.